가장 사랑하고 싶은데 오히 미워하기 쉬운 사람, 가장 믿어주고 싶은데 종종 나를 속이는 사람, 가장 솔직하게 이야기하고 싶은데 막상 마주 보려면 부담스러운 사람, 그 사람이 바로 '나'일 것이다. '자기계발'이라고 하면 세상을 살아가는 기술을 배우는 것으로 생각하기 쉽다. 하지만 진정한 자기계발은 내가 나를 이해하고, 내가 원하는 나를 향해 그냥 한 걸음씩 나아가는 것이라 생각한다. 그러기 위해선 물어야 한다. '나'는 어떤 사람인지.

이 책은 자기 자신에게 질문하는 법에 대해 제안하고 있다. 흔한 자기계발서처럼 정답을 확신하며 강요하지 않는다. 그래서 반가웠고, 더욱 공감할 수 있었다.

답은 찾지 못해도 좋다. 우리는 늘 변하기 마련이고, 인생에 정답이 하나로 정해져 있는 것도 아니니 말이다. 그냥 내게 묻고, 나를 이해하고, 나와 친해지자. 세상에 나 자신만큼 나랑 친해야 할 사람은 없다.

_구본준 한겨레 기자, 건축 칼럼니스트

공신을 하며 많은 학생들을 만납니다. '나'를 잊어버리고 사는 아이들입니다. 내가 아닌 부모님이나 남이 원하는 직업을 이유도 모른 채 꿈꾸고 나를 사랑하지 못하고 남도 사랑하지 못하는 아이들. 한마디로 나 자신을 단 한 번도 만나보지 못한 아이들입니다. 이 책을 읽고 나서 한시라도 빨리 그 아이들을 만나고 싶어졌습니다. 해주고 싶은 이야기들이 정말 많아졌거든요.

_강성태 서울시 우수 사회적 기업 공신닷컴 대표, 『공부의 신, 바보 CEO 되다』의 저자

어린 시절엔 누구나 꿈이 있다. 어른이 된 지금 당신은 꿈이 있는가? 당신의 꿈은 무엇인가? 아니, 질문이 틀렸다. 당신은 누구인가? 가장 쉬운 것 같지만 가장 어려운 질문이다. 온갖 현실의 문제를 핑계 삼아 우리는 자신이 누구인지 까마득히 잊은 채 무덤을 향해 달려가고 있는지도 모른다. 저자는 말한다. 인생의 꼬이고 얽힌 문제들로부터 빠져나오려면 먼저 자기 자신을 찾아야 한다고.

_이우일 만화가, 『도날드 딕』 『노빈손 시리즈』의 저자

'내가 추구하는 삶을 단 한 문장으로 표현할 수 있을까?'라고 자문해보면 선뜻 입이 떨어지지 않는다. 타인의 인생을 모방하지 않고 온전히 나의 꿈과 비전만으로 삶을 살아가는 것이 쉽지 않다는 데 공감하는 독자라면, 타인의 꿈과 비전의 저주에 사로잡힌 내가 아닌, 내 인생에서 내가 주인공이 된다는 것만으로도 행복할 수 있다는 단순한 진리를 절절히 느끼게 해주는 이 책에서 오아시스를 발견할 것임을 확신한다.

_류랑도 ㈜더 퍼포먼스 대표컨설턴트, 『나는 성과로 말한다』 『제대로 시켜라』의 저자

저는 만나는 사람마다 '당신의 꿈은 무엇입니까?'라고 묻습니다. 그런데 많은 이들이 자신의 꿈과, 남이 자신에게 기대하는 꿈을 혼동하곤 하지요. 그러니까 '당신'은 누구이며 당신의 '꿈'은 무엇입니까? 이 책을 통해서 나는 누구인지, 내가 진정으로 원하는 것은 무엇인지, 어떻게 살아야 하는지에 대한 혜안을 찾을 수 있기를 바랍니다.

_김수영 드림파노라마 대표, 『멈추지 마, 다시 꿈부터 써봐』의 저자

내 인생 이야기에서 내가 주인공이 될지

아니면 그 자리를 다른 사람이 차지할지

그것은 이 페이지들을 읽어보면 알게 될 것이다.

찰스 디킨스, 『데이비드 코퍼필드(David Copperfield)』에서

나의
꿈은
내가
되는
것이다

당신은 단 한 번이라도 당신 자신이었던 적이 있는가

허병민 지음

지식
공간

나는 왜 서른여섯 살에 골다공증에 걸렸는가

저에게는 아주 절친한 미국인 친구가 한 명 있습니다. 이 친구의 직업? 종합격투기 선수입니다. 혹시 세계 최고의 이종 종합격투기 단체 UFC(Ultimate Fighting Championship)라고 들어보셨나요? 그가 바로 이곳에서 뛰고 있는 선수입니다.

여기에서 잠깐.

잠시 책 뒷날개에 있는 제 사진을 봐주실는지요. 제가 운동을 좋아할 것 같은 이미지인가요? 딱 봐도 운동과는 별로 친할 것 같지 않아 보이지요? 맞습니다. 저, 운동과 전혀 친하지 않습니다. 저처럼 운동과는 거리가 있어 보이는 사람이 종합격투기 선수를 친구로 두고 있다니, 조합이 꽤나 어색하게 느껴지지요? 저는 어떻게 이런 사람을 알게됐을까요.

2011년 3월로 잠깐 돌아가 보겠습니다.

어느 날 아버지께서 저를 부르시더니 평소의 저음으로 이렇게 말씀하시는 겁니다.

"새해에는 운동을 좀 하거라. 오늘 ○○○에 있는 □□체육관에 한번 가봐. 내가 권투를 3개월 등록해놨으니 오늘 바로 시작하면 될 거야."

갑자기 뭔 날벼락이랍니까. 집 앞에 있는 공원조차 걷기 싫어하는 저보고 뜬금없이 3개월 동안 권투를 해보라니요. 아, 정말 아버지다운 발상이십니다.

슬슬 걱정이 되기 시작했나 봅니다. 저도 나이가 점점 들어가는데 머리 쓰는 일에만 관심이 있고 몸은 아예 꼼짝할 생각도 안 하니 더 이상 안 되겠다 싶어 수를 쓰신 거지요. 뭐, 저는 아버지 앞에선 항상 '신입'일 뿐이니 '상사'의 명령을 들어야지 어쩌겠습니까.

그날 오후에 찾아간 □□체육관에서 만난 사람이 바로 이 친구, 데이비드입니다.

솔직히 권투는 죽도록 하기 싫었지만, 그렇다고 안 갈 수도 없어 (아버지께서 확인해보실 게 뻔하므로) 체육관 안에서 다른 사람들이 운동하는 걸 열심히 지켜보기로 했습니다. 돈은 지불했으니 최소한의 양심은 지켜야지요.

워낙 이것저것 관심이 많은 데다 새로운 사람들과 알고 지내는 걸 좋아하는 저인데 이 친구도 딱 저와 같은 성향을 갖고 있더군요. 게다가 전

어렸을 적 미국에서 살다온 관계로 의사소통에는 별 문제가 없는데, 서로 말까지 잘 통해 첫날부터 친구 먹기로 했지요. 알고 보니 데이비드는 한 달 전 일본에서 훈련을 마치고 마지막 훈련 일정으로 한국을 찾았던 겁니다.

데이비드와 3개월 동안 아주 즐거운 시간을 보냈습니다. 그 사이 그의 훈련은 종료됐고, 그는 미국으로 돌아갔지요. 고국으로 돌아가기 전날 서로 아는 친구들을 다 불러 모아 미친 듯 부어라 마셔라, 마치 다시는 안 볼 것처럼 정말 제대로 송별회를 열어줬습니다.

그리고 한 3일 정도가 지났나요. 데이비드로부터 메일이 한 통 왔습니다. "짜식, 잘 도착했나 보네." 하면서 메일을 열어보았지요. 엥, 이게 뭐지. 메일 안에는 아무런 내용도 적혀 있지 않더군요.

'잘못 보냈나. 오류가 난 건가.'

마우스를 위, 아래로 스크롤해봤습니다. 단어 하나 적혀 있지 않더군요. 그런데 쭉 아래로 내려가 보니 파일이 하나 첨부되어 있는 겁니다. 이게 뭔가 싶어 바로 클릭해봤지요.

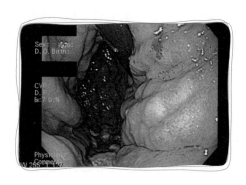

여러분, 이게 뭐처럼 보이나요? 장? 식도? 아닙니다. 위입니다.

상태가 좋아 보이나요, 안 좋아 보이나요. 어떤가요? 사진 상으로 봤을 때, 그렇게 썩 좋아 보이진 않지요. 아래를 자세히 보면 곰팡이처럼 생긴 부분도 눈에 띄고요.

참고로 말씀드리면 저, 아주 센시티브한, 예민한 영혼의 소유자입니다. 제가 이 사진을 보자마자 어떤 행동을 취했을 것 같나요? 맞습니다. 친구에게 곧바로 국제전화를 때렸습니다.

"야, 이 사진 뭐야. 혹시 훈련받는 동안 부모님께 무슨 안 좋은……"

이 친구의 부모님 중 한 분의 건강이 매우 나빠지신 게 아닌가 염려가 된 거지요.

데이비드가 전혀 머뭇거림 없이 이렇게 말하더군요.

"아니다, 병민아. 네가 보고 있는 사진, 두 분의 사진 아니다. 그 사진, 내 사진이다."

위암이라고 하더랍니다. 그것도 말기랍니다.

저와 동갑인 당시 36세의 이 젊은 친구, 평생을 운동만 해온 종합격투기 선수인 이 친구, 글쎄 이 친구가 위암 말기라고 합니다.

여러분은 이것이 머릿속에 자연스럽게 매칭이 되는지요. 뭔가 좀 부자연스럽게 들리지요?

그런데 저는 그의 말을 듣자마자 엉뚱하게도 막 웃어대기 시작했습니다. 그러면서 마치 예견이라도 했다는 듯, 이런 말을 덧붙였지요.

"난 네가 위암에 걸릴 줄 알고 있었어."

이건 대체 무슨 시추에이션일까요. 친구는 죽을병에 걸렸는데, 저는 위로는 못해줄망정 웃으면서 악담을 해대고 있습니다.

책 뒷날개에 적힌 제 소개를 봤다면 아시겠지만 저는 의대 출신도, 한 의대 출신도 아닙니다. 법대를 나온 한 평범한 일반인일 뿐이지요. 그런 제가 어떻게 친구의 위암 사실을 알 수 있었을까요.

저는 그 사실을 알 '수밖에' 없었습니다. 왜, 그리고 어떻게? 제 친구는 다 같이 모여 식사를 할 때마다, 또 술을 마실 때마다 꼭 했던 말이 있습니다.

"요즘 속이 좀 텁텁하네. 더부룩하기도 하고."

매번 속 타령을 했지요. 한 번도 예외 없이, 밥이든 술이든 들이키는 족족 이 말을 꺼냈습니다. 다른 친구들은 이 얘기를 들을 때마다 데이비드에게 대수로운 일이 아니라는 듯 이렇게 조언했지요.

"야, 약국에 가서 소화제 하나 사먹어."

반대로 그의 말을 마음 한 편에 담아두었던 저는 그때마다 그에게 "병원에 가서 검진 좀 받아 봐."라고 했습니다.

과연 데이비드가 제 말을 들었을까요? No. 들을 이유가 없지요. 왜? 자기 몸에 대해 확신을 갖고 있었을 테니까요. 나이는 아직 청청한 서른여섯에, 살면서 운동만 해온 친구이니 걱정이 됐을 리가요. 이 친구, 제가 알기로는 한국에 있는 동안 한 번도 병원에 간 적이 없습니다. 미국으로 떠나는 날 공항에서 그에게 말했습니다.

"친구로서 부탁하는데, 집에 돌아가자마자 근처에 있는 병원에 가서 검진받아 봐."

그는 제 부탁을 들어줬고, 검진 결과 자신이 위암 말기라는 사실을 알게 된 거지요.

그로부터 정확히 4개월 뒤에, 데이비드는 사망했습니다. 그의 나이, 고작 서른여섯이었습니다.

미국으로 날아가 친구의 장례식에 참석한 저는 이것저것 볼 일을 본 후 한국으로 돌아왔는데, 돌아오는 비행기 안에서 이런 생각이 들었습니다.

'평생 운동만 해온 내 친구도 이렇게 갔는데, 운동의 '운' 자도 모르는 나는 과연 멀쩡할까.'

그래서 한국으로 돌아오자마자 제가 한 일이 뭔지 아십니까? 네, 병원을 찾아갔습니다. 검진을 받아봤지요. 그리고 오른쪽 사진이 바로 그 결과물입니다.

골다공증이라고 하더군요. 제 뼈 나이가 60대라고 합니다. 나이 서른여섯에 골다공증이라니, 믿어지시는지요? 검진 결과를 알려주던 의사 선생님조차 제 얼굴을 똑바로 쳐다보시질 못하더군요. "기계에 오류가 난 것 같으니 다시 해봅시다."라고 해서 다시 검사해봤지만 역시 결과는 같았습니다. 죄송하다고 하시더군요. 그런데 그 얘기를 들은 저는 오히

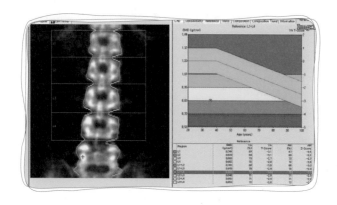

려 웃으면서 선생님께 이렇게 말씀드렸습니다.

"괜찮아요. 저는 제가 골다공증에 걸릴 줄 알고 있었습니다."

이건 또 뭔 소리랍니까? 제가 대체 어떻게 그 사실을 알고 있었을까요? 사실 전 이미 3년 전인 2008년에 관련 검사를 받은 적이 있습니다. 검사 결과 제 골은 이미 감소하고 있었지요. 골감소증이었습니다. 그때 선생님께서 제게 이렇게 말씀해주셨지요.

"아직 30대 중반도 안 된 나이니 걱정하지 않으셔도 돼요. 규칙적인 식생활 습관을 가지시고요, 비타민 잘 챙겨 드시고, 운동 꾸준히 해주세요."

제가 이 말을 듣고 그대로 실행했을까요? 선생님 말마따나 '아직 30대 중반도 안 된 나이'였기에 실행했을 리 만무하지요.

저 역시 제 친구만큼이나 제 몸에 대해 확신을 갖고 있었습니다. 그러니 '설마 나에게 어떤 일이 있어나겠어?' 식의 생각을 갖고 있었겠고, 그렇게 의사가 하라는 대로 하지 않은 저는 3년 뒤에 골다공증에 걸리게 됐습니다.

위암 말기, 사망, 골다공증. 참 우울하고 공포스러운, 듣기에 괴로운 단어들입니다. 그럼에도 제가 이런 사례가 담긴 이야기를 소개해드리는 건, 데이비드와 저, 둘 사이에 어떤 공통점이 있기 때문입니다.

데이비드와 저는 어떤 문제를 앓고 있었지요. 우리는 그 문제가 무엇인지 알고 있었나요? 알고 있었습니다. 아니, 설사 정확하게 알진 못했다 해도 문제 자체를 '인식'하고는 있었습니다. 그런데 우리는 그 문제를 어떻게 대했나요? 그에 대해 어떤 반응을 보였나요? 어떤 대응을 취했나요? 어떤 대응도 취하지 않았을뿐더러, 심지어는 아무런 반응도 보이지 않았지요. 왜 그랬나요? 자신을 과신했기 때문입니다. 알고는 있지만 '설마'하면서 무시해버린 겁니다. 건강하니까 당연히 아무 일도 생기지 않을 거라 생각했던 거지요. 그리고 제 친구는 그에 대한 대가를 톡톡히 치렀고, 저의 경우 지금도 치르고 있는 중입니다.

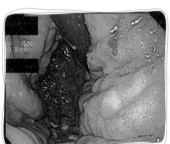
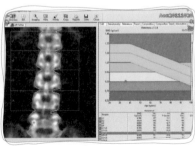

이 책을 읽는 법이 바로 여러분께 보여드린 이 두 장의 사진 안에 고스란히 담겨 있습니다.

저는 여러분께 어떤 새롭고 혁신적인, 대단한 이야기를 들려드리고자 하는 게 아닙니다. 오히려 여러분도 이미 잘 알고 있는 이야기를, 조금은 다른 관점과 시각에서 들려드리고자 합니다. 그 이야기들을 어떻게 보여드릴 생각이냐면 이미 완성되어 있는 '레디메이드(ready-made) 퍼즐'이 아닌, 스스로 완성할 수 있도록 '퍼즐 조각들'을 하나하나 던져드리는 식으로 보여드릴 생각입니다.

한 가지 부탁드리고 싶은 게 있다면, 그것은 제가 소개해드리는 다양한 이야기, 그 안에 담겨 있는 사례들을 보시면서 지금 처해 있는 자신의 상황에 그것을 적용할지 말지 스스로 결정해보셨으면 한다는 겁니다. 그래서 묻고 싶습니다.

여러분은 현재 어떤 문제를 앓고 있나요?

그것이 문제란 것을 스스로 느끼고 있는지요?

문제가 무엇인지,

그 정체를 모르는 게 아니라면

여러분은 그것에 대해

어떤 반응을 보이실 생각입니까?

어떤 반응을, 대응을 할 준비가 되어 있는지요?

Contents

당신은
자신을 한 문장으로
설명할 수 있는가

—

그래서 같은 맥락에서 묻고 싶습니다. 여러분은 누구십니까? 한 문장으로 설명해주실 수 있는지요. 자신을 한 문장으로 표현하는 것에 대해 많이들 말문이 막히는 막막함을 경험할 거라 봅니다. 자신을 한 문장으로 요약해 정의하는 것 자체가 상당히 갑작스럽고 불편하고 이상하게 느껴지겠지요. 자신을 고작, 겨우 한 문장으로 설명하는 것을 다소 불쾌하게 받아들일 분들도 계실 겁니다. 반응이야 어찌되었든 우리가 눈여겨봐야 할 것은, 그 한 문장이 우리의 입에서 생각 외로 쉽게 튀어나오지 않는다는 겁니다.

스티브 잡스(Steve Jobs).

여러분은 이 이름을 들을 때 머릿속에 어떤 단어들이 떠오르시나요? 아이폰, 아이패드, 맥북에어, 아이팟, 혁신, 키노트(PT), 비전, 완벽주의, 독재자, 췌장암, 기타 등등. 간첩이 아닌 한 거의 예외 없이 대부분 다 비슷한 단어들을 떠올릴 겁니다. 그가 2005년 스탠포드 졸업식 축사에서 마지막에 던진 말 "Stay hungry, stay foolish."를 떠올리는 분들도 있겠지요.

제가 좀 유별난 것인지도 모르겠습니다만, 저의 경우 '스티브 잡스' 하면 떠오르는 단어가 조금 다릅니다. 저는 정체성(identity)이라는 단어가 떠오릅니다. 조금 더 쉽게 풀어 설명하자면, 나(me, myself, I)라는 단어 말입니다.

저는 잡스가 주도해 창조해낸 수많은 작품들, 나아가 그가 애플을 운영해온 방식, 그 안에 담긴 엄청난 비전보다도 오히려 그가 그 작품들을, 애플이라는 회사를 어떻게 생각했는지에 대해 관심이 갑니다.

잡스가 자신의 그러한 생각을 정의 내린 방식을 엿볼 수 있는 대목이 있지요. 햇수로 3년 전으로 거슬러 올라가보겠습니다. 잡스는 2010년 애플 세계개발자회의(WWDC)에서 자신의 키노트 연설을 마무리하면서 이런 말을 했습니다.

"비록 애플이 세계에서 가장 높은 수준의

기술력을 가진 제품들을 발명하고 있습니다만,

우리는 단순히 '기술' 회사가 아닙니다.

기술에다 인문학과 교양을 결합시킨 것,

바로 그것이 애플을 특별하게 만들어주지요."

2010년 스티브 잡스 키노트 가운데

이어 그는 2011년 애플 스페셜 이벤트에서 자신의 연설을 마무리하
면서 다시 한 번 비슷한 얘기를 꺼냅니다.

"애플에는 '기술력만으로는 안 된다'라는

DNA가 심어져 있습니다.

기술과 교양 혹은 인문학을 결합시켜

우리가 기대하는 결과를 얻는 것,

이것이 우리의 가슴을 뛰게 만들지요."

잡스는 사람들에게 '애플=기술+인문(교양)'이라는 등식을 한 번도 아
닌 두 번이나 강조하면서 모두의 뇌리에 애플의 정체성을 확실하게 각
인시켰지요. 애플이라는 한 회사가 갖고 있는 정체성을 이 이상 깔끔하
고 단순명료하게 정의내릴 수 있을까요. 그는 어떻게 그렇게 확고하고
심플하게 자신의 회사에 대한 정의를 내릴 수 있었을까요? 그건 아마도
잡스가 자신의 회사, 그리고 거기에서 나오는 제품들을 정확하게 꿰뚫
고 있었기 때문일 겁니다.

●

자신 있는 사람만이
심플해질 수 있다.

잭 웰치(前 GE 회장 및 CEO)

여러분이 현재 어딘가에 소속되어 있다면, 묻고 싶습니다. 여러분이 소속되어 있는 ㅁ ㅁ ㅁ ㅁ란 곳은 무엇을 하는 곳입니까? 한 문장으로 설명해주실 수 있는지요.

만약 여러분이 이런 질문을 받는다면 뭐라고 대답하시겠습니까? 여러분은 자신이 소속되어 있는 곳에 대해 얼마만큼 알고 있다고 생각하시는지요. 혹시 한 번이라도 곰곰이 생각해보신 적, 있나요.

그런데 여기에서 우리는 한 걸음 더 나아가볼 필요가 있습니다. 사실 지금 내가 소속되어 있는 곳도 물론 중요하지만 그것보다 더 중요하게 생각해봐야 할 것이 있지요. 그것은 다름 아닌 바로 '나'입니다. 그래서 같은 맥락에서 묻고 싶습니다.

여러분은 누구십니까? 한 문장으로 설명해주실 수 있는지요.

자신을 한 문장으로 표현하는 것에 대해 많이들 말문이 막히는 막막함을 경험할 거라 봅니다. 자신을 한 문장으로 요약해 정의하는 것 자체가 상당히 갑작스럽고 불편하고 이상하게 느껴지겠지요. 자신을 고작, 겨우 한 문장으로 설명하는 것을 다소 불쾌하게 받아들일 분들도 계실 겁니다. 반응이야 어찌되었든 우리가 눈여겨봐야 할 것은, 그 한 문장이 우리의 입에서 생각 외로 쉽게 튀어나오지 않는다는 겁니다.

왜 그런 걸까요? 말 그대로 더도 덜도 말고 고작, 겨우 한 문장인데 말입니다. 나를 설명하기엔 턱 없이 부족해 보이는 한 문장으로 스스로를 표현하기가 생각 외로 쉽지 않은 이유가 뭘까요.

낙서인지 뭔지 알 수 없는 그림이지만 송곳으로 찌르듯, 우리가 놓치고 있는 진실의 순간을 포착하는 화가가 있습니다. 2011년 말 국내에서 전시회를 열었던 루마니아 출신의 낙서화가, 댄 퍼잡스키(Dan Perjovschi). 그의 작품 중 흥미를 끄는 그림이 하나 있습니다. 어쩌면 이 그림에 그 해답이 놓여 있는지도 모르겠습니다.

낙서 같은 그 그림 속에는 총 네 개의 사물이 등장합니다. 가장 왼편에는 마치 야구장의 홈베이스처럼 생긴 오각형의 집이 있습니다. 바로 아래에 'My House'라고 적혀 있지요. 집의 오른편에는 집보다 작은 자동차가 한 대 그려져 있고 그 밑에는 'My Car'라고 적혀 있습니다. 이어서 바로 오른편에는 자동차보다 작은 네모가 하나 그려져 있는데 역시 밑에 'My Credit Card'라고 쓰여 있습니다. 그리고 가장 오른편에는 점 하나가 콕 찍혀 있지요. 대체 이 점은 뭘까요? 아래를 보니 'Me'라는 글자가 박혀 있습니다. 자, 어떤 그림인지 상상이 되시나요?

우리는 우리 자신을 설명할 때 종종 소유물로 자신을 대변하곤 합니다. '나, 이런 데서 사는 사람이야!' 혹은 '나, 이런 차 타는 사람이라고!' 아니면 '나, 이 정도 버는 사람이거든?' 그런 상황에서 퍼잡스키는 묻습니다. '당신의 소유물 말고, 당신 자신은 어떤 사람인가'라고 말이지요.

우리는 불행하게도, 우리 자신에 대해 별로 생각을 해본 적이 없습니다.

내가 어떤 성격과 성향을 갖고 있는지, 무엇을 할 때 행복해하는지, 왜

●

어른들은 숫자를 좋아한다.

새로 사귄 친구 이야기를 할 때면

그들은 가장 중요한 것을 물어보는 적이 없다.

"그 애 목소리는 어떠니? 그 애는 무슨 놀이를 좋아해?

나비를 수집하니?" 이런 말은 절대 하지 않는다.

대신 "나이가 몇이지? 형제는 몇이고?

체중은 얼마지? 아버지 수입은 얼마야?" 하고 묻는다.

이 질문에 답을 얻어야 새로 사귄 친구가

어떤 사람인지 알게 되었다고 믿는다.

만약 어른들에게 "창턱에는 제라늄 화분이 있고

지붕에는 비둘기가 있는 분홍빛의 벽돌집을 보았어요."

라고 말하면 그들은 그 집이 어떤 집인지 상상하지 못한다.

그들에게는 "십만 프랑짜리 집을 보았어요."라고 말해야 한다.

그러면 그들은 "아, 참 좋은 집이구나!" 하고 소리친다.

생텍쥐페리, 『어린 왕자』에서

행복해하는지, 어떤 취미나 습관들을 갖고 있는지, 약점들은 또 무엇인지, 그것을 왜 약점으로 생각하는지, 어떨 때 불편하고 어색해하는지, 무엇을 원하는지, 그것을 왜 원하는지 등.

여러분은 '나'라는 사람에 대해 잘 알고 계신가요. 스스로에 대해 과연 얼마만큼 알고 있다고 생각하시는지요. 어느 정도의 연봉을 받고 싶은지, 또 어떤 직업에 종사해야 그만큼 벌 수 있는지, 어느 정도의 사회적 레벨에 도달하고 싶은지, 몇 평 규모의 집에 살고 싶은지, 연비 빵빵한 외제차를 언제쯤 구입할 수 있을지, 우리는 이런 생각들로 머릿속이 꽉 차 있으면서도 정작 이 모든 것들을 영위할 자기 자신에 대해서는 안타깝게도 그다지 깊게 생각을 해본 적이 없습니다.

누구나 아침에 일어나 화장실에 가서 볼 일을 보고 세수를 합니다. 그리고 거울을 보지요. 하품을 하면서 영혼 없는 칫솔질을 하는 내내 여러분은 거울 앞에서, 거울에 비쳐진 자신의 모습을 보면서 어떤 생각이 드시는지요. 다크 서클이고 손질 안 된 머리고 민낯이고 뭐고 간에 그런 것들은 잠시 잊어버립시다. 어차피 시간이 지나면서 자연스레 원상 복귀되니까요. 자신의 모습에서 '무엇'이 보이는지요.

결국 이것은 자신에 대한,

자기 자신을 바라보는 눈,

즉 정체성의 문제로 귀결됩니다.

●

인생의 목적은
사랑 받는 사람이 되는 것이 아니라,
자기 자신이 되는 거란다.
너에게는 너만이 완성할 수 있는
삶의 목적이 있고,
그것은 네 사랑으로 채워야 할 것이지
누군가의 사랑으로
채워질 수 있는 것이 아니야.

무라카미 하루키

좋은 차고 고액의 연봉이고 넓은 평수의 집을 얻는 것, 물론 다 중요한 문제들입니다. 하지만 그에 앞서 전제되어야 하는 것이 하나 있지요. 내가 나 자신에 대한 기준과 철학을 갖고 있어야 한다는 것, 내가 나 자신을 제대로, 정확하게 이해하고 있어야 한다는 것.

우리는 지금 스티브 잡스가 창조해낸 제품들이나 그의 키노트 PT를 보면서 감탄하고 있을 때가 아닙니다. 오히려 그 모든 작품들 속에 그가 담고자 한 메시지, 그 본질에 대해 돌아보는 것이 우리가 지금 스스로를 위해 해야 할 일이 아닌가 싶습니다.

그래서 저는 잡스가 스탠포드 졸업식 축사에서 마지막으로 던진 "Stay hungry, stay foolish."란 말을 다음과 같이 바꿔보고 싶습니다.

"Stay hungry, stay foolish about/for ME."

●

Q. 컬렉션 영감을 얻기 위해 특별히 하는 일이 있다면?

A. 가만히 고요하게 있고, 내면을 깊숙이 들여다봅니다.

빅터앤롤프(Viktor & Rolf, 패션 디자이너)

퍼즐 조각 #1

　스톱워치를 하나 준비해주실는지요. 지금부터 주변 사람들이나 일(work) 등 자신을 에워싸고 있는 모든 주변 환경을 모조리 다 머릿속에서 지워버려 주세요. 오직 여러분 자신에 대해서만 생각해보는 시간을 가져보겠습니다. 정확히 1분 드릴게요. 스스로 시간을 재보세요.

　1분이 지났나요. 자, 이제 스스로 한번 자문해보세요. 1분이라는 시간이 짧게 느껴졌나요, 아니면 길게 느껴졌나요? "아우, 시간 한번 참 더럽게 안 가네." 이런 느낌이었나요, 아니면 "와우, 시간이 생각보다 굉장히 빨리 지나가네. 시간이 좀만 더 있었다면 좋았을 걸." 이런 느낌이었나요? 흥미로운 것은, 1분에 대해 우리가 어느 쪽으로 느꼈든 간에 우리는 그만큼 자기 자신에 대해 생각을 투자해본 적이 거의 없었다는 결론이 나옵니다. 툭 까놓고 말해 하루 24시간을 기준으로 했을 때, 단 1분조차도 우리 자신에 대해 생각하고 고민해본 적이 없다는 얘기지요. 하루 중 일이나 공부, 스마트폰, 주변 사람들과의 만남(술자리 등)에 시간을 할애하는 것 외에 여러분이 온전히 자신을 위해, 자신에게 할애하는 생각의 시간은 어느 정도인가요?

—

아버지, 저는 그냥 '허병민'으로 살겠습니다

—

그 이유는 생각 외로 간단한 곳에 있습니다. 우리는 박경철이, 안철수가, 이외수가, 김난도가 아니기 때문입니다. 이분들은 자신이 갖고 있는 성격과 성향을 토대로, 자신이 처한 고유한 환경 속에서, 자기만의 방식과 생각으로 살아왔습니다. 그런데 우리는 이분들의 책을 읽는 동안 무슨 최면에 걸리기라도 한 양, 자신의 성격과 성향, 자신이 처해 있는 환경, 자신의 방식과 생각을 철저히 제거해버립니다. '나'라는 존재를 희석시킨 채 공감하는 (척하는) 것이 그 공감이 오래 갈 수가 없는, 변화가 생길 수 없는 이유이지요.

저는 제가 제 자신을 어떻게 생각하는지 3년 전에 처음으로 알게 되었습니다.

몇 년간 혼자 살던 저는 2010년 여름, 도저히 더 이상은 힘들어 안 될 것 같아 부모님 댁으로 들어오게 됐지요. 솔직히 그때 정말로 들어오고 싶지 않았습니다. 아버지께서 워낙 예민하고 엄격한 데다 한 '보수' 하시는 분이라 고민스러웠지요. 애초에 집을 나갔던 것도 아버지와 크게 싸우고 사이가 안 좋은 상태에서 나간 거라, 다시 들어오기 위해선 어떤 합당한 명분이 있어야 가능한 일이었습니다. 그래서 아버지께 제가 '왜 들어와야 하는지'에 대해 정식으로 보고(?)를 하기 위해 만반의 준비를 해야 했습니다. 설렁설렁 '대충 까이꺼' 넘어가는 분이 아니었으니까요.

그런데 이게 웬일입니까. 거실에 앉아서 긴장된 자세로 발표를 하려고 하는데 아버지께서 먼저 저에게 이렇게 말씀하시는 게 아니겠습니까.

"그동안 혼자서 고생 많이 했지? 잘 들어왔다. 앞으로 이 집에서 같이 잘 지내보자."

제 귀를 의심했습니다.

'이건 또 뭐야. 갑자기 왜 이런, 전혀 아버지답지 않은 느끼한 멘트를 날리시는 거지?'

그런데 저녁 식사를 하면서, 또 식후 과일을 깎아먹는 내내 의심할 수 없을 정도로 훈훈한 분위기가 연출돼 '아, 그 사이 아버지도 많이 바뀌셨구나.'라고 마음을 먹게 됐지요.

그런데 역시, '혹시나'는 '역시나'였습니다. 아버지는 이번에도 제 기대(?)를 저버리지 않더군요.

다음날 오전 7시 5분경에 일이 터지고야 말았습니다. 아버지께서 제 방 문을 확 걷어차시더니 눈 하나 깜빡하지 않고 저를 노려보면서 이렇게 말씀하시는 겁니다.

"내가 어제 잊어버리고 얘기 안 한 게 하나 있다. 여기에서 같이 사는 건 좋다. 대신 오전 7시에 일어나 세수하고 다 같이 모여 식사를 해야 한다. 그 후에 네가 다시 자든 뭘 하든 그건 알아서 하렴."

오 마이 갓.

참고로 저는 올빼미족의 선두주자입니다. 밖에서 혼자 사는 동안 낮과 밤이 완전히 뒤바뀐 생활을 해온 저입니다. 오전 5시와 8시 사이에 취침을 하고 오후에 일어나는 규칙적인(?) 삶을 살아왔지요. 그런 저보고 이제부터 매일 아침 7시에 기상해 식사를 하라고 하다니, 지옥도 이런 생지옥이 없습니다.

희미하게 일그러져가는 제 얼굴을 보시곤 제 암담한 마음을 간파하셨는지 아버지께서 슬쩍 책 한 권을 저에게 건네시더군요.

"안다. 네가 밖에서 혼자 살면서 낮과 밤이 바뀌었을 거라는 걸. 그래서 너를 위해 책 한 권 준비했다. 준비운동이라고 생각하고, 이 책을 갖고 한 달 동안 한번 연습해 봐."

태어나서 처음으로 읽어본 자기계발서가 바로 아버지께서 권해주신이 책입니다.

　제목, 『아침형 인간』.

　네, 정말 죽도록 열심히, 줄까지 쳐가며 책에 나와 있는 대로 한번 실천해봤습니다. 결과가 어땠을까요? 저는 책의 제목처럼, 한 달 후 아침형 인간이 되어 있었을까요?

　말도 안 되는 헛소리이지요. 책의 위대한 힘을 무시하는 거야 아니지만, 그것이 가능한 일이었다면 굳이 이런 책을 읽지 않더라도 저는 이미 그렇게 되어 있었을 겁니다.

　오전 7시 기상? 네, 보기 좋게 실패했습니다. 그것도 한 달 내내.

　그럼 그것을 아버지가 그냥 보고만 있었느냐? 천만의 말씀, 만만의 콩떡이지요. 참고로 아버지는 포기란 단어를 모르시는 분입니다.

　그렇게 한 달이 지난 어느 날, 아버지께서 이번에도 저를 부르시더니 책을 또 한 권 건네주시더군요. 친절하게도 이런 말을 곁들여서 말입니다.

　"갑자기 아침에 일찍 일어나려니 많이 힘들지? 그래서 책 한 권 더 준비해봤다. 이 책이라면 좀 더 도움이 될 거야."

　『새벽형 인간』.

　제목이 아주 무시무시합니다. 공포심이 순식간에 몰려오더군요. 띠지에는 이런 문구가 적혀 있습니다.

　'새벽 4시 기상, 만사형통!'

그것도 모자라 프롤로그에는 또 이런 말이 적혀 있더군요.

'아침 4시에 일어나면 인생이 변한다.'

그야말로 우리 모두 정주영 회장이 되자는 거지요.

실현가능성이 무척 의심스러웠지만 그래도 아버지께서 권하시는 책이니 어쩌겠습니까. 까라면 까야지요. '삥이 치는' 기분이 역력했지만, 속는 셈 치고 다시 한 번 한 달간 열공의 시간을 가져봤습니다. 그 결과 어떤 일이 벌어졌을까요. 이번엔 어떤 변화가 일어났을까요.

일어나긴 개뿔. 아무 일도, 변화도 일어나지 않았습니다. 두 달이라는, 짧다면 짧고 길다면 길다고 할 수 있는 시간. 그제야 제 머릿속에 작은 깨달음이 하나 찾아오더군요.

물론 당시 속으로는 완전히 얼어 있었던 걸로 기억합니다만, 아버지께 가서 나름 당당하게 이렇게 말씀드렸습니다.

"아버지. 7시에는 죽었다 깨어나도 못 일어나겠습니다. 아버지께서 바라시는 대로 저는 아침형 인간이 될 수 없습니다. 그렇게 일찍 일어나면 하루 종일 어질어질하고 집중력이 떨어집니다. 사람마다 취침 시간이며 기상 시간, 일에 몰두할 수 있는 시간이 다 다르다고 생각합니다. 아침에 일찍 일어나 하루 내내 비몽사몽하느니 새벽에 열심히 할 일 하고 늦게, 푹 자는 쪽을 택하겠습니다. 앞으로 조금씩 바꿔보도록 노력은 하겠지만, 저의 이런 모습 자체를 있는 그대로 인정해주셨으면 합니다."

태어나서 처음으로 저지른 반항이었습니다. '에라이, 모르겠다. 이판

사판이여!' 이런 심정으로 내지르긴 했지만 솔직히 오금이 저리더군요.

그 이후 어떤 일이 벌어졌을까요. 아버지께 박살나면서 집에서 쫓겨났을까요. 천만에요. 그 이후 지금까지 아버지와 아무 탈 없이 잘 살고 있습니다. 물론 여전한 올빼미인 채로요.

저는 3년 전 그때 그런 말을 하면서 가슴 깊이 느낀 게 하나 있습니다. 바로 '나는 어떤 사람인가'에 대해 제가 어떤 생각을 갖고 있는지 처음으로 돌아보게 된 겁니다.

저는 아침에 일어나는 것을 무지막지하게 괴로워하는 대표적인 올빼미였습니다. 절대 아침형 인간이 될 수 없는 사람이었지요. 그런데 그것을 인정하기가 쉽지 않았습니다. 아버지라는 무서운 존재 때문이기도 했지만 무엇보다도 사람들이 갖고 있는 '일찍 일어나는 사람', '늦게 일어나는 사람'에 대한 인식 때문이었지요.

사실 저는 제가 제 자신에 대해 갖고 있는 생각보다는 남이 갖고 있는 나에 대한 생각, 내가 가져야 할 것만 같은 생각에 무의식적으로 사로잡혀 있었던 겁니다.

여러분 중 혹시 자기계발서를 지금까지 한 번도 읽어본 적이 없는 분 계신가요. 모르긴 몰라도 최소한 한두 권 정도는 빠삭하게까지는 아니더라도 대충 훑어보기라도 했을 겁니다. 시중에 좋은 베스트셀러들이 많이 나와 있지요. 김난도, 박경철, 혜민, 차동엽, 안철수, 이외수 등 이름만 들어도 빵빵한 저자들의 책, 한 번쯤은 살펴본 적이 있을 겁니다.

그런데 그 책들을 보면서 실제로 변화를 경험해보신 분 계신가요. 혹시 이 책을 봤다가 저 책을 봤다가 하는 등 작심삼일, 갈팡질팡하면서 바뀌는 건 거의 아무것도 없지 않던가요.

'오호, 그래. 이렇게 했어야 하는 거군. 맞는 말이네.'

'이렇게 하면 잘 될 거야. 나도 해봐야지.'

이런 생각을 하면서도 막상 실전에 돌입해보면 쉽게, 뜻대로 잘 안 되지 않던가요. 대체 왜 그런 걸까요. 그 이유는 생각 외로 간단한 곳에 있습니다.

우리는 박경철이, 안철수가, 이외수가, 김난도가 아니기 때문입니다.

이분들은 자신이 갖고 있는 성격과 성향을 토대로, 자신이 처한 고유한 환경 속에서, 자기만의 방식과 생각으로 살아왔습니다. 그런데 우리는 이분들의 책을 읽는 동안 무슨 최면에 걸리기라도 한 양, 자신의 성격과 성향, 자신이 처해 있는 환경, 자신의 방식과 생각을 철저히 제거해 버립니다. '나'라는 존재를 희석시킨 채 공감하는 (척하는) 것이 그 공감이 오래 갈 수가 없는, 변화가 생길 수 없는 이유이지요.

내가 누구인지에 대한 생각의 준비가 되어 있지 않기 때문에 챗바퀴 돌 듯 이 책, 저 책 계속 돌고 돌게 되는 겁니다.

그래서 우리는 곱든 밉든 이 질문을 스스로에게 다시금 던져볼 필요가 있습니다.

나는 내 자신에 대해 어느 정도 알고 있는가?

나는 내 자신을 어떻게 생각하는가?

한 1년 전, 서점에서 이런 제목의 책을 발견한 적이 있습니다.

『지적으로 나이 드는 법』.

카피 문구도 아주 폼 나더군요.

'죽는 그날까지 품격 있게 살고 싶다.'

저는 이 책을 보자마자 그 자리에서 바로 사버렸습니다. 책 제목에 혹
해서가 아닙니다. 카피 문구가 그럴 듯해서도 아닙니다. 오히려 엉뚱하
게도 책 안의 목차에 적혀 있던 단 한 줄의 제목 때문입니다.

늦게 자고

늦게 일어나는 습관을 길러라.

　고백하건대 이 책, 아직 제대로 읽어보지 못했습니다. 그런데 저는 이 제목을 보자마자 책을 읽어볼 필요가 없겠다는 생각이 들더군요. 책에서 얻을 것을 이미 이 한 줄에서 다 얻었기 때문입니다.

　저자는 대체 무슨 생각으로 이런 제목을 단 걸까요. 그것도 지극히 비사회적이고 비모범적인 제목을 말입니다. 그가 실제로 어떤 의도를 갖고 이런 제목을 달았는지, 책을 제대로 읽어보지 않은 저는 잘 모르겠습니다. 하지만 제목을 보면서 새삼스럽지만 스스로 다시 한 번 절감한 게 있다면, 그것은 사람들이 누구나 할 법하고, 할 것 같은 일을 그냥 아무 생각 없이, 무의식적으로 하기보다는 내가 진심으로 하고 싶고, 했으면 하는 일을 나만의 주관을 갖고, 의식적으로 하는 것이 맞다는 것. 그것이야말로 정말로 나답게, 나처럼 사는 거라는 것. 어쩌면 진짜 '지적으로 나이 드는 법'은 거기에서 자연스럽게 찾아지는 건지도 모르겠습니다.

퍼즐 조각 #2

Mentor. 우리가 멘토라 부르는 그들, 그들의 멘토는 누구였을까?

"멍청한 자식,
진실이야말로 최고의 사진이야."
종군기자였던 로버트 카파에게
사진의 의미를 가르쳐준 멘토.

"내 만화는 흔해빠진 아류일 뿐이에요."
아톰의 원작자 데즈카 오사무가
좌절할 때마다 그를 일으켜 세워준 멘토.

"건축물은 생명을 가진 나무처럼
스스로 뻗어가야 해."
건축학교 열등생 가우디에게
끝없이 영감을 불어넣어준 멘토.

"맙소사! 여자니까 로맨스 소설이나 쓰라구?"
출판사들의 퇴짜에도
아가사 크리스티를 믿어준 단 하나의 멘토.

우리가 멘토라 부르는 그들에게도

멘토는 있었다.

그들의 멘토는 바로 그들 자신.

누구의 인생도 카피하지 마라.

스스로 멘토가 되라.

Make your Rule

Hyundai Card

현대카드, Make your Rule 캠페인 「멘토」편

이미 겪어본 분도 계시겠고 아직 겪어보지 못한 분도

계시겠지만 나를 안다는 것, 나를 알기 위해 노력한다

는 것, 그것은 매우 긴, 힘들고 지루하고 지치는 작업입

니다.

그렇다고 우리가 피해갈 수 있는 문제도 아니지요. 살

면서 언젠가 한 번은 꼭 겪어야 하는 통과제의입니다.

그 심적으로 힘든 '방전'의 과정을 잘 헤쳐 나가기 위

해서는 '충전'의 과정이 필요할 터. 충전을 할 수 있는 방

법은 꽤 많지요.

- 책 읽기
- 사람들 만나기(커뮤니티 개설하기)

- 연애하기(이별하기)

- 여행 떠나기

- 새로운 도전·모험 해보기

- 일기 쓰기

- 운동하기

- □□□□ (생각나시는 대로 한번 채워 넣어보세요)

여러분, 위의 항목들을 다시 한 번 천천히 읽어봐 주실는지요. 한 열 번 정도 또박또박 반복해서 읽어보세요. 계속 소리 내어 읽다 보면 이 모든 방법 밑에 깔려 있는, 또 이 모든 방법을 통해 얻게 되는 '무언가'가 조금씩 눈에 들어오실 겁니다.

그것은 다름 아닌 나 자신을 믿는 것(Believe in Yourself).

나 자신을 알기 위해 노력하는 것이 쉽지 않은 이유가 이것 때문인지도 모르겠습니다. '자신에 대한 믿음'이라는 본질적인 문제가 걸려 있기 때문이지요.

- 나는 나에 대한 믿음을 갖고 있는가.

- 나는 나에 대한 믿음을 어느 정도로 갖고 있는가.

- 나는 나에 대한 믿음을 계속 유지해나갈 수 있는가.

나 자신을 안다는 것, 그것은 하루아침에 되는 일도 아니고 우리가 죽을 때까지 해야 하는 일이기에 결국 자신에 대한 믿음이 뒷받침되지 않고서는 불가능한 일입니다.

그런데 여러분 한번 생각해보세요. 그동안 자신에 대한 믿음을 지탱시켜준 것이 과연 뭐였던가요.

혹시 우리는 그동안 자신에 대한 믿음을 찾아내고 확인하기 위해 엉뚱한 곳을 헤매고 다녔던 건 아닐까요. 실은 '자신에 대한 믿음', 그 안에 항상 자리매김해 있었던 건 아닐까요. 그것도 단 두 단어로 말입니다.

Be You.
네 자신이 되어라.

BELIEVE IN
YOURSELF

셋째 퍼즐
—

타인他人은
지옥이다[1]

—

결국 '남들이 대단하다고 여길' 것들에 뒤도 돌아보지 않고 돌진해왔던 것. 거기에 없었던 유일한 한 가지는 바로 '나 (me)'라는 존재였지요. 내가 원해서, 내가 좋아해서, 내가 관심(호기심)이 가서, 내가 끌려서 했던 것이 아쉽게도 하나도 없더군요. 그렇게 온갖 것들을 다 해왔는데 하나하나 자세히 살펴보니, 어이없게도 내가 좋아서 했던 게 하나도 없었던 겁니다. 내가 연대에 들어갔다는 것, 내가 가수를 했다는 것, 내가 ㅁㅁ공모전에서 수상했다는 것. 다 남들에게 자랑하기 위해서였습니다. 남들이 나를 대단하다고 봐주길 바라서였습니다.

매년 열리는 공중파 3사의 연기대상 시상식. 2008년, MBC로 가보겠습니다.

12월 30일에 열린 MBC 연기대상 시상식. 드디어 기다리고 기다리던 대상 시상의 순간. 큰 이변이 없는 한 '그 사람'의 대상 수상이 확실시되었지요. 아니, 이변이 일어난다는 것 자체가 이변으로 여겨질 정도로 결과는 너무나 뻔해보였습니다.

드디어 대상 수상자가 호명되고, 당당하고 위엄 있는 모습으로 김명민 씨가 연단 위로 걸어 올라갔지요. 「베토벤 바이러스」에서 강마에란 캐릭터로 시청자들을 멋지게 '죽여 놓은' 김명민.

여기저기서 박수갈채가 쏟아져 나왔습니다. 그가 대상을 받는 것에 대해 아무도, 털끝만큼도 의심하지 않았을 겁니다.

그런데 김명민 씨가 연단 위로 걸어 나오고 얼마 지나지 않아 인터넷에선, 각 집에선 난리가 났습니다.

"이건 또 웬 말도 안 되는 헛소리?"

"장난해? MBC, 누구를 바보로 알아!"

"주최 측의 농간이구만. 미친 거 아냐?"

왜요? 뭐가 그렇게 말도 안 되는 헛소리인가요? 김명민 씨, 연기를 아

---

1 "Hell is others." 철학자 사르트르의 희곡 「닫힌 방(Huis-Clos)」에 나오는 대사. '인간은 타인의 시선에서 지옥을 경험한다'라는 의도가 담긴 뜻이다.

주 잘하는 연기자인데. 대체 무엇 때문에 사람들이 분노한 걸까요? 알고 보니 대상을 수상한 사람이 김명민 씨 혼자가 아니었습니다. 한 사람이 더 있었지요. 공동수상이었습니다.

공동수상자는 다름 아닌 「에덴의 동쪽」의 송승헌 씨. MBC 연기대상 사상 최초로 최고상에 해당하는 대상을 두 배우에게 나눠준 겁니다.

사람들이 왜 뚜껑이 열렸는지, 감이 좀 오시나요? 뭔가 조합이나 배합이 썩 와 닿지 않지요? 상당히 어색하게 느껴집니다. 굳이 2008년으로 돌아갈 필요도 없습니다. 현재의 시점으로 봐도 그다지 자연스러워 보이진 않지요.

김명민과 송승헌.

한 사람은 '연기자'로 불리는 반면, 다른 한 사람은 '스타'로 불립니다. 한 사람은 '실력'으로 인정받고 있는 반면, 다른 한 사람은 실력으로 인정받고 있다기보다는 팬들의 '팬심'에 힘입어 지금의 자리에까지 올라왔다고 보는 게 좀 더 정확합니다.

송승헌 씨는 자신이 잘생겼다는 걸 잘 알고 있는 탤런트입니다. 그래서 연기를 할 때 어깨에 힘이 굉장히 많이 들어가 있지요. 브라운관에 비친 그의 얼굴 표정, 그의 걷는 모습, 그 외 그가 하는 모든 제스처를 한번 유심히 살펴보세요.

그는 사람들의 시선에 신경을 많이 쓰는 사람입니다. 연기에 몰입해 있는 게 아니라 연기에 몰입해있는 것'처럼' 보이는 이유이지요. 연기력이 다소 딸리는 게 사실입니다.

두 사람이 연단 위에 나란히 서 있는 모습을 보고 있는데 불현듯 그런 생각이 들더군요.

'지금 송승헌이 문제가 아니라 나라는 사람이 문제가 아닐까'라는. 갑자기 머릿속이 띵해지면서 문제의 초점이 분명해졌달까요. 그 이유는, 그 순간 제 머릿속에 이런 질문이 들어왔기 때문입니다.

나는 그동안 살아오면서 '잘난 사람'이 되고 싶었을까,

아니면 '잘나 보이는 사람'이 되고 싶었을까.

나는 그동안 잘난 사람이 되기 위해 노력해왔을까,

아니면 남들에게 잘난 사람처럼 비쳐지기 위해 노력해왔을까.

결국 '나'를 기준으로 살아왔느냐, '남'을 기준으로 살아왔느냐의 차이입니다.

저의 경우 이 질문에 대해 깊이 생각해볼 수 있는 계기가 있었습니다. 때는 바야흐로 1999년 5월. 당시 음악전문채널 Mnet에서 VJ선발대회를 개최했었지요. 그때가 제가 그룹 피아노의 멤버로서 가수활동을 마무리하고 평범한 법대생으로 돌아간 지 얼마 지나지 않은 시점이었습니다.

인기가 많았든 적었든, 한 번이라도 연예 활동을 해본 사람이라면 알

겁니다. 활동을 정리하거나 마무리한 후에 극심한 공허감과 '근질거림'
이 찾아온다는 걸. 스포트라이트를 받는다는 건, 받을 땐 신나고 즐겁지
만 그것이 사라지면 심적으로 굉장한 압박을 받게 되는 것 같습니다. 뭔
가를 해야 할 것만 같은 이상한 느낌이 계속 든달까요. 그 지속되는 느낌
을 떨쳐버리기 위해 Mnet VJ 선발대회에 지원했던 겁니다.

운이 꽤 좋았던 것 같습니다. 최종심까지 일사천리로 통과되더군요. 그
래도 가수활동을 한 게 헛되진 않았던 것 같습니다. 그런데 그 유쾌한 기
분도 딱 거기까지였습니다. 최종 심사의 날, 제대로 한 방 먹었으니까요.

기억하기로는 당시 면접장에는 사장님과 임원 한 분, 심사위원(VJ) 두
분, 그리고 저를 포함해 지원자 셋, 이렇게 있었습니다. 그날 몸 상태가
좋아서 리딩이며 개인기(노래, 춤, 성대모사)며, 시키면 시키는 대로 아주
만족스럽게 다 잘해냈던 것 같습니다. 합격자는 당연히 저라고 생각했
지요.

면접이 슬슬 마무리 단계로 접어들 무렵, 갑자기 사장님께서 제 지원
서를 덮으시더니 이렇게 말씀하시는 겁니다.

"허병민 씨. 제가 허병민 씨한테 궁금한 게 한 가지 있는데요, 솔직하
게 대답해줬으면 좋겠어요."

아, 이 엄청난 긴장감. 대체 뭘 물어보려고 저렇게 말하시나. 시간이
멈춘 것 같았습니다.

"허병민 씨, 앞으로 뭐가 되고 싶으세요?"

'하하하하. 지금 장난하십니까. 게임 끝. 와우, 나의 승리구나!'

이런 생각이 들어야 하는 게 정상입니다. 왜? 혹시 지금까지 면접이라는 걸 단 한 번도 치러보지 않으신 분 계신가요? 규모가 크든 작든 누구나 한 번쯤은 치러봤을 면접. 자신이 하고 싶은 일이나 꿈, 지원동기는 우리가 면접을 준비하면서 가장 심혈을 기울이는, 또 너무나 연습을 많이 해서 소위 '껌'이라고 생각하는 질문 중 하나이지요. 그러니 당연하게도 저는 이렇게 대답했어야 합니다.

"저는 VJ가 되고 싶습니다. 왜냐하면 어쩌고저쩌고, 그리하여 어쩌고저쩌고. 그러기 위해서 여기에 나온 겁니다."

아, 그런데 이게 웬일이랍니까. 한마디도 못하고 있는 거 아니겠습니까? 조선일보 최종면접 때보다 더 심합니다. 그때는 그래도 버벅대기라도 했지요. 단 한마디도 내뱉지 못한 채, 멍하게 그냥 서 있었습니다.

여기서 잠깐. 혹시 눈치 채신 분, 계신가요? 30초 전으로 잠깐 시간을 돌려보겠습니다. 사장님께서 던지신 질문이 뭐였지요?

"허병민 씨는, 앞으로 뭐가 되고 싶으세요?"

뭔가 좀 이상하지 않나요? 저는 지금 어디에 나와 있나요? VJ선발대회에 나와 있습니다. 그런데 사장님께서는 제게 "왜 VJ가 되고 싶으세요?"라고 묻는 대신 "앞으로 뭐가 되고 싶으세요?"라고 묻습니다. VJ선발대회에 나온 사람에게 뭐가 되고 싶냐니, 참으로 희한한 얘기 아닌가요.

당시 제가 이런 '스마트한' 의아함이 들어 한마디도 못했는지는 솔직히 기억이 나지 않습니다. 중요한 것은, 제가 대답을 하지 못했다는 거지요. 물론 저는 최종심에서 떨어졌습니다.

집으로 돌아오는 차 안에서 이런저런 생각이 들더군요. '아 씨, 이 사람은 왜 이런 질문을 던져 나를 바보로 만든 걸까.' 처음엔 이런 생각이 들다가 차츰 시간이 지나면서 '흠. 이 사람 말대로, 나는 앞으로 뭐가 되고 싶은 거지?' 이런 생각이 들었습니다.

우습게도, 인정하긴 싫지만 하고 싶은 게, 되고 싶은 게 없더군요. VJ를 뽑는 대회에 나갔지만, 저는 VJ가 되고 싶었던 게 아닙니다. 사장님께서는 그걸 눈치 채신 거지요 무엇을 보고? 제 프로필을 보고요.

대학생치고는 경력이나 이력이 괜찮아 보였을 겁니다. 학벌과 학점 둘 다 나쁘지 않은 편이고, 미국에서 오래 살다온 데다, 공모전 수상경력, 가수활동 등등 특별히 빠지는 데가 없어 보였겠지요.

문제는 정확히 거기에 있었습니다. 지원서엔 오만가지 것들이 다 적혀 있었지만, 사실은 아무것도 적혀 있지 않았던 것. 'So what? 그래서 네가 하고자 하는 게 뭔데?' 곰곰이 돌이켜보니 제가 하고 싶어서, 제가 원해서 한 것은 아무것도 없더군요. 아마 그때 사장님께서는 저에게 이런 질문을 던지고 싶으셨던 것 같습니다.

'너 VJ가 되고 싶은 거니, 인기를 얻고 싶은 거니?'

답이 나오더군요. 저는 인기를 얻고 싶었습니다. 유명해지고 싶었지요. 그런데 거기에서 이야기가 끝난다면 좋으련만, 문제가 생각보다 좀 복잡하게 얽혀 있더군요. 제가 그때까지 살아온 인생 자체가 온통 문제 범벅이었던 겁니다.

가수 활동을 한번 볼까요.

'나는 노래를 하고 싶은가, 인기를 얻고 싶은가?'

저는 인기를 얻고 싶었습니다. '가수'가 되고 싶었던 게 아니라 '연예인'이 되고 싶었던 겁다. 부러움의 시선을 느껴보고 싶었던 거지요.

시간을 좀 더 돌려 10대 후반, 20대 초 · 중반으로 한번 돌아가 볼까요. 고3때부터 대학에 합격한 후 대학을 다니는 내내 그리고 졸업할 때까지 제가 갖고 있었던 생각이 뭐였을까요.

'나는 공부를 하고 싶은가, 학벌을 얻고 싶은가?'

부끄럽게도 저는 학벌을 얻고 싶었습니다. 뭐, 대한민국이라는 나라에 사는 사람 누구나 SKY라는 하나의 권력집단에 들어가기 위해 기를 쓴다는 건 다들 아는 사실이지요. 소위 떵떵거릴 만한 '사회적인 권력'을 얻고 싶었던 겁니다. 정리해보면 이렇습니다.

저는 '경험'을 하고 싶었던 게 아니라 '스펙(spec)'을 얻고 싶었던 겁니다.

결국 '남들이 대단하다고 여길' 것들에 뒤도 돌아보지 않고 돌진해왔던 것. 거기에 없었던 유일한 한 가지는 바로 '나(me)'라는 존재였지요.
내가 원해서, 내가 좋아서, 내가 관심(호기심)이 가서, 내가 끌려서 했

●

우리는 행복해지려고 노력하기보다
남들이 우리를 행복하다고 믿게 만드는 데
더 관심이 많다.

라 로슈푸코(La Rochefoucauld)

던 것이 아쉽게도 하나도 없더군요. 그렇게 온갖 것들을 다 해왔는데 하나하나 자세히 살펴보니, 어이없게도 내가 좋아서 했던 게 하나도 없었던 겁니다. 내가 연대에 들어갔다는 것, 내가 가수를 했다는 것, 내가 ㅁㅁ공모전에서 수상했다는 것, 다 남들에게 자랑하기 위해서였습니다.

남들이 나를 대단하다고 봐주길 바라서였습니다.

2008년, MBC 연기대상 시상식으로 돌아가 보지요. 당시 연단 위를 보면서 들었던 생각을 여러분께 다시 들려드리겠습니다.

나는 그동안 살아오면서 '잘난 사람'이 되고 싶었을까,

아니면 '잘나 보이는 사람'이 되고 싶었을까.

나는 그동안 잘난 사람이 되기 위해 노력해왔을까,

아니면 남들에게 잘난 사람처럼 비쳐지기 위해 노력해왔을까.

스스로에게 한번 물어보세요. 여러분은 그동안 살아오면서 '잘난 사람'과 '잘나 보이는 사람', 둘 중 어느 쪽에 더 큰 비중을 두었나요. 남들 눈 전혀 의식하지 않고 잘난 사람이 되기 위해 노력해왔나요, 아니면 남들 눈 신경 써가며 잘난 사람으로 보이기 위해 노력해왔나요. 둘 중 하나만 고를 수 있다면, 여러분은 어느 쪽을 고르시겠습니까?

"뭐여? 난 양쪽 다인 것 같은데?"라고 하실 분들, 물론 계시겠지요.

58 양쪽 다 고르는 건 일단 제외해둡시다. 그게 가능하다고 하면 당연히

모든 사람들이 다 그걸 고르려 할 테니까요. 마음속으로 한쪽만 선택해주세요.

자, 이 이야기를 좀 더 구체적으로, 쉽게 풀어 보여드릴까 합니다.

여러분 앞에 이런 알약이 있다고 가정해보겠습니다. 복용하면, 복용하자마자 여러분의 두뇌가 80% 업그레이드됩니다. 머리가 순식간에 왕창 똑똑해지는 거지요. 그야말로 천재가 되는 겁니다.

이 알약을 복용하시겠습니까? 아, 부작용은 전혀 없으니 걱정은 붙들어 매셔도 되겠습니다.

속으로 '절대 복용 안 하지. 뭘 믿고?'라고 생각하신 분들, 역시 여러분은 영리한 분들이십니다.

"뻥치시네. 세상에 그런 약이 어디 있나?"

맞습니다. 그런 완전무결한 약이 있을 리가 없지요. 설사 있다고 해도 100퍼센트 믿기엔 뭔가 찜찜합니다. 역시나, 약사가 옆에서 한마디 거듭니다.

"잠깐만요. 여기 부작용에 대해 뭔가 적혀 있는데요? 뭐라고 써 있나 **59**

면, 복용하자마자 똑똑해지는 건 맞지만, 동시에 영구처럼 보이기 시작한다고 하네요."

무슨 말인고 하니, 쉽게 말해 영구처럼 행동하기 시작한다는 겁니다. "영구 없다~!" 물론 영구처럼 행동하기는 하지만 여러분이 똑똑해졌다는 사실에는 변함이 없습니다. 겉으로만 바보 멍청이처럼 보일 뿐이지요. 자, 이 알약을 복용하시겠습니까, 안 하시겠습니까?

아마 모르긴 몰라도 복용하겠다고 하시는 분은 단 한 분도 안 계실 겁니다.

'똑똑해지면 뭐해, 내 체면이 완전히 땅에 떨어지는데!'

미치지 않고서야 그걸 감수하면서까지 복용을 감행할 사람이 과연 있을까요.

그런데 여기에서 우리가 생각해봐야 할 것이 한 가지 있습니다. 이 알약 사례와 앞서 소개해드린 사례가 서로 다른가요? 다른 것이 있나요. 뭐가 다른가요?

잘난 사람 VS. 잘나 보이는 사람

똑같습니다. 저는 사실은 같은 이야기를, 약간 극단화시켜 여러분께 보여드린 것뿐입니다. 그래서 여러분께 다시 한 번 묻고 싶습니다.

여러분은 그동안 살아오면서 '잘난 사람'이 되고 싶었나요,

아니면 '잘나 보이는 사람'이 되고 싶었나요.

여러분은 그동안 잘난 사람이 되기 위해 노력해왔나요,

아니면 남들에게 잘난 사람처럼 비쳐지기 위해 노력해왔나요.

문제는
어깨에 들어간
힘이야, 바보야

나에게 쓰는 반성의 편지

—

지금에 와서 돌이켜보면 저에겐 어깨에서 힘을 뺄 수 있는 용기가 없었던 건지도 모르겠습니다. 내 자신이 아닌 다른 누군가를 위해 무언가를 보여줘야 했으니까요. 그러는 동안 제 어깨에는 제 자신조차 감당할 수 없을 정도의 힘만 차곡차곡 쌓이게 된 거지요. 행복은 성적순이 아니잖아요. 그래서 문득 이 문장이 떠올랐던 건지도 모르겠습니다. 동명의 영화, 많이들 기억하시지요? 순위나 결과로만 행복을 재단하면 안 된다는 뜻입니다. 저는 이 표현을, 이렇게 살짝 틀어서 이해해보고 싶습니다. 성적은 행복순이잖아요.

2012년 한 해 동안 저는 글을 단 한 줄도 쓰지 못했습니다. 명색이 작가인데 말이지요.

어떨 때는 몇 글자, 많을 때는 몇 단어. 마지막으로 글 한 편 완성해본 적이 언제인지 기억이 가물가물할 정도입니다. 작년이면 햇수로 따져 작가 4년차. 드디어 슬럼프가 찾아온 걸까요.

6개월 정도가 지나갈 때까지만 해도 저는 이것을 그다지 대수롭게 생각하지 않았습니다. 전작들을 끝낼 때마다 적어도 반 년 정도는 저만의 절필 기간을 가져왔으니까요. 그런데 6개월이 지나고, 7, 8, 9개월이 넘어가면서 전과는 달리 조금씩 불안해지기 시작하더군요. 이유가 무엇인지, 어떤 계기 때문인지는 저도 잘 모르겠습니다.

'이러다 아예 책을 못 내게 되는 거 아닐까.'

'이러다 글 쓰는 행위 자체를 무서워하게 되는 거 아닐까.'

'작가 일을 때려치우고 슬슬 다른 일을 찾아봐야 하는 걸까.'

글을 못 쓰게 될지도 모른다는 생각이 제 시간을, 마음을, 생활을 조금씩 갉아먹더군요. 10, 11개월이 지나가면서는 아예 반포기 상태에 이르게 됐습니다.

그리고 딱 1년이 되어갈 때쯤의 어느 무더운 여름날이었지요. 그날은 런던 올림픽 남자 100m 결승전이 열린 날이었습니다. 세상 사람들 모두가 예상한 대로 이변은 일어나지 않았지요. 세계에서 가장 빠른 사나이 우사인 볼트(Usain Bolt)가 마치 동네 아이들을 상대하기라도 하듯 아주 가뿐하게 우승을 거머쥐었습니다.

그런데 저는 이날 경기를 보면서 볼트가 우승했다는 사실보다도 그의 9.63초라는 기록에 더 관심이 갔습니다. 그는 2008년 베이징 올림픽에서도 올림픽 기록 9.69초로 우승을 한 바 있지요. 자신의 올림픽 기록을 0.06초 앞당겼으니 충분히 박수를 받을 만한 자격이 있습니다. 그런데 저는 볼트가 우승 세리모니를 펼치는 동안 다소 엉뚱하게도 이런 생각이 들더군요.

그는 왜 고작 0.06초밖에 줄이지 못했을까.

제가 이런 생각을 한 이유가 단지 그가 이미 2009년 세계육상선수권대회에서 9.58초라는 어마어마한 기록으로 세계 신기록을 달성했기 때문만은 아닙니다. 다들 알다시피 볼트는 '강심장'입니다. 그를 보고 있으면 정말이지 이 사람이 올림픽에서 뛰고 있는 선수인가, 라는 생각이 들 정도로 느긋함과 여유가 온몸에서 풍겨져 나옵니다.

시합 내내 그가 선보이는 온갖 장난기 넘치는 제스처들을 떠올려보세요. 대회에 나온 사람이 아니라 그냥 놀이터에 놀러 나온 느낌이 든달까요. 실제로 그가 뛰는 걸 보면 막판 20m 정도를 남겨두고는 아예 자신의 몸을 컨트롤해가며 속력을 줄이기까지 하니 그런 느낌을 받는 게 하등 이상하지 않습니다. 지금까지의 그의 시합을 보면 거의 예외가 없지요.

그런데 이게 웬일? 희한하게도 이날 결승전에서만큼은 처음부터 끝까지, 젖 먹던 힘까지 다해 전속력으로 달리더군요. 마지막 20m를 남겨두고도 말입니다. 그렇게 죽도록 달렸음에도 불구하고 그는 기존의 자신의 올림픽 기록을 0.06초밖에 줄이지 못했습니다.

그의 경기를 보고 또 봤습니다. 제가 지나치게 분석적인 건지는 모르겠습니다만 솔직히 너무 궁금했습니다. 대체 왜, 뭐가 문제였던 걸까. 그는 왜 최선을 다했는데도 불구하고 단 0.06초만 줄이는 데 성공한 걸까. 다른 선수도 아닌 볼트가 이 질문의 주인공이라는 사실을 잊지 말았으면 합니다.

의지가 있는 곳에 길이 있다고 했던가요. 그의 경기를 미친 듯이 보고 또 보는 사이 뭔지 모를 무언가가 조금씩 눈에 들어오기 시작하더군요. 의외로 단순한 그 무언가가 말이지요.

볼트는 런던 올림픽에 참가하기에 앞서 자신의 건재함을 과시할 수 있는 기회가 몇 번 있었습니다. 대표적인 것이 2011년 8월에 열렸던 대구 세계육상선수권대회였지요. 경기 결과는 어땠을까요? 당연히 1등을 할 줄 알았지만, 아쉽게도 1등이 아니었습니다. 2등도 3등도 아니었지요. 아예 경기 결과 자체가 없습니다. 왜냐? 부정출발로 실격을 당했기 때문입니다. 런던 올림픽에 참가한 그는 이런 자신의 트라우마를 정확하게 인식하고 있었을 겁니다. 하루라도 빨리 지워버리고 싶었겠지요.

볼트가 겨우(?) 9.63초의 기록밖에 내지 못한 것은 그가 더 나은 기록을 낼 만한 실력이 없어서는 아니었을 겁니다. 오히려 반대로 그가 너무나 뛰어난 실력을 갖고 있어서가 아니었을까요. 다른 선수들과는 비교도 안 되는 바로 그 월등한 실력에 문제의 원인이 있었는지도 모르겠습니다. 워낙 압도적인 실력의 소유자이기에 자신이 당연히 금메달을 따야 한다는, 사람들의 기대에 반드시 부응해야 한다는 생각이 그의 머릿속을 꽉 채우고 있었을 겁니다. '평소 하던 대로 하면 된다'와 같은 말이 그 순간 과연 그의 귀에 들어왔을까요.

이날 '더 이상 돌아갈 데가 없다'는 확고한 결의를 품은 볼트의 어깨엔 평소와는 다른 '힘'이 들어가 있었습니다. 그것도 상당히 뻣뻣하고 경직되어 보이는 그런 힘이 말입니다.

1960년대에 소니 리스튼(Sonny Liston)이라는 헤비급 복서가 있었습니다. 통산 전적 54전 50승(39KO) 4패의 경력을 가진 '인간기관차', 무쇠주먹 리스튼. 그는 헤비급에서 마이크 타이슨과 조지 포먼과 같은 하드펀처들 틈에 낄 정도로 펀치가 대단한 복서 중 한 명이었습니다. 펀치가 오죽 셌으면 레프트 잽 하나만으로 상대방이 KO가 되곤 했겠습니까. 게다가 인상도 조폭처럼 상당히 험악한 편이라 상대 선수는 시합에 나가기 전부터 아주 기가 죽곤 했지요.

이 복서, 혹시 들어보신 적 있나요? 리스튼을 아는 사람은 많지 않지만 그를 KO시킨 사람이 누구인지 모르는 사람은 거의 없을 겁니다. 말이 필요 없는 전설적인 복서, 무하마드 알리.

리스튼은 1962년 플로이드 패터슨(Floyd Patterson)을 1회에 KO시키며 세계 챔피언에 등극합니다. 그런데 그의 천하는 의외로 빨리 막을 내리게 되지요. 2년 뒤에 알리에게 그 자리를 뺏기기 때문입니다. 그는 당시 애송이였던 알리에게 연속 KO를 당하는 굴욕을 당합니다. 위력적인 파괴력을 소유했던 리스튼은 왜 어린 풋내기에게 어이없게 계속 졌을까요.

사람들마다 의견이 다르지만 가장 중요한 것 한 가지를 꼽자면, 그가 지나친 욕심을 부렸기 때문입니다. 그는 게임을 한 방에 해결하고자 하는 욕심을 품고 있었습니다. 뭐, 워낙 주먹이 센 선수이니 어느 정도 예상이 가능한 시나리오이긴 합니다만 사실 그가 그런 욕심을 품게 된 진짜 이유, 그 본질은 다른 곳에 있습니다.

한번 생각해보세요. 내가 세계 챔피언이고 상대 선수가 거의 듣도 보도 못한 무명의 파이터라면 여러분은 시합에 임할 때의 마음이, 자세가 어떨 것 같나요. 우선 상대 선수는 잃을 게 거의 없는 반면 나는 잃을 게 많습니다. 아니, 까놓고 말해 다 잃게 됩니다. 잃을 게 많기에 당연히 상당한 부담을 느끼겠지요. 빨리 끝내버리고 싶을 겁니다. '보나마나한 시합이야'라는 사람들의 기대에 부합되게 보나마나하게 잽싸게 끝내버리고 싶을 겁니다. 그렇게 잽싸게 끝내버릴 수 있는 방법은 하나밖에 없지요. 한 방에 보내버리는 것.

당대 최고의 철권이라 불리던 리스튼이라고 달랐을까요. 그도 똑같은 인간이었습니다. 그는 시합 때 선수로서 하지 말아야 할 가장 기본적인 실수를 범하고 맙니다. 자신의 벨트와 위상을 지키기 위해 경기를 빨리 끝내버리고 싶었던 그는 어깨에 과도한 힘을 실어버리고 만 겁니다. 그리고 잘못 사용된 그 힘은 결국 어깨 탈골로 이어져 그로 하여금 경기에 패할 수밖에 없게 만드는 결정적인 악영향을 미치게 되지요.

어깨에 들어간 힘.

실체가 보이지 않는, 그야말로 아무것도 아닌 것처럼 느껴지는 그 힘 때문에 천하의 실력자들인 볼트도 리스튼도 주춤했습니다.

저의 경우로 한번 돌아가 볼까요. 저는 왜 시간이 지날수록 점점 더 두려움과 괴로움에 빠졌던 걸까요. "글로 밥벌이를 하는 사람이니까 당연히 그럼 감정을 느낀 거겠지."라고 말한다면 "맞아."라고 기분 좋게 동의해야 하는데 솔직히 저는 그렇게 흔쾌히 동의할 자신이 없습니다. 틀린 말은 아니지만 그렇다고 딱 맞아떨어지는 말도 아니기 때문이지요. 글이 잘 안 써진다는 것은 사실 부수적인 문제인지도 모르겠습니다. 아무리 본업이 작가라고 해도 글이 잘 안 써질 때도 있는 거지요. 저도 인간이라 슬럼프에 빠질 수도 있는 거고요. 문제의 핵심은 '안 써진다'에 있는 게 아니라 '왜 안 써졌는가'에 있습니다.

'사람들 앞에 멋진 결과물을 내놓아야 하는데.'

'그 결과물이 사람들로부터 많은 사랑을 얻어야 할 텐데.'

저는 '쓰고 싶어서'보다는 이런 '쓸 수밖에 없는, 써야만 하는 이유'들을, 제 자신을 위해서가 아닌 남을 위해서 만들어내고 있었습니다. 사람들에게 잘 보여야 한다는 부담감이 제 어깨를 푹푹 누르도록 스스로를 내버려두고 있었으니 저는 글 쓰는 과정 그 자체를 온전히 즐기지도, 거기에 완전히 올인하지도 못했던 겁니다.

꼬인 실타래가 하나씩 풀리고 제 생각이 정리가 되어갈 때 불현듯 제 머릿속에 들어온 광고가 한 편 있습니다. 과거 제일기획 신입사원 시절에 보자마자 그 깔끔함에 매료돼 바로 스크랩해뒀던 광고이지요.

폭스바겐(Volkswagen). '독일의 국민차'로 불리는 차입니다. 약 반세기 전인 1959년에 폭스바겐은 광고대행사 도일 데인 번박(Doyle Dane Bernbach, DDB)에 의뢰해 자사 차종인 비틀(Beetle)을 위한 광고 캠페인을 제작합니다.

이 광고는 자동차 하면 떠오르는 '럭셔리', '규모' 등의 이미지에 대한 당시 미국인들의 고정관념을 완전히 뒤엎어 놓았지요. 당시 미국은 '성공=무조건 큰 것'이라는 등식을 신봉하는 사회였습니다. 즉 차도 커야 하고, 집도 커야 한다는 생각이 지배하던 그런 사회였지요. 그러니 크고 파워풀한 대형차들이 유행의 선두에 서 있을 수밖에요. 그런 유행 속에서 폭스바겐은 오히려 유행에 역행하는 정반대의 콘셉트를 가진 차를 내놓게 됩니다. 왜소하지만 경제적이고 성능도 좋은, 그야말로 '작지만 매운' 그런 차 말입니다.

Think small.

기존과는 완전히 차별화된, 허나 어떻게 보면 굉장히 '없어 보였던' 이 광고가, 무엇보다도 이 광고 속의 카피가 오히려 사람들의 비틀(Beetle)이라는 차에 대한 호기심을 자극했고 결과적으로는 미국에서의 성공 가능성이 높지 않았던 폭스바겐에 새로운 도약의 기회를 만들어줍니다. 비틀이라는 차를 당대에 가장 많이 팔린 차[2]로 만들었으니 말 다했지요.

별 거 없어 보이는 단 두 단어 때문에 일어난 일입니다.

그런데 한편으로는 이런 생각을 해보게 됩니다.

'과연 폭스바겐은 당시 큰 차를 만들고 싶지 않았을까.'

바보가 아닌 이상 망하지 않기 위해서라도 내부 구성원들 모두가 큰 차를 만들자고 주장하지 않았을까요. 일단 회사를 살리고 봐야 할 테니까요. 그때 '단점을 고의로 드러내자'는 전략적 판단을 내린 경영층의, 광고제작사의 마인드가 한동안 글을 쓰지 못한, 그래서 그것을 점점 불안해한 제 자신에게 아주 소박한 아이디어 팁을 던져줬습니다.

작게 생각하라.

허세를 버리고 실속을 차려라.

결국 기본으로 돌아가 본질을 살펴보라는 것.

쉬고 있어도 너무 오래 쉬고 있는 거 아닐까, 내가 그래도 네 권의 책을 펴낸 작가인데 지금쯤 대박 베스트셀러 한 권 내놓아야 하는 거 아닌가, 사람들이 요즘 읽고 있는 책이 주로 힐링, 행복, 치유 쪽인데 나도 그

2 자동차 미디어 『탑라이더』는 2011년에 120년 자동차 역사상 세계에서 많이 팔린 차를 조사했는데, 폭스바겐 비틀이 도요타 코롤라(3700만대, 1966년~2010년), 포드 F시리즈(3390만대, 1948년 ~2010년), 폭스바겐 골프(2719만대, 1974년~2010년)에 이어 4위(2152만대, 1938년~2003년)를 차지했다고 밝혔습니다.

런 거 하나 좀 써봐야 하는 거 아닐까, 주변 지인들이 내가 요즘 글을 안 쓰고 있다는 걸 알면 어떻게 생각할까, 내 밥벌이의 근간이 글쓰기인데 이렇게 안 쓰고 있으면 조만간 거지꼴이 나는 거 아닐까. 기타 등등.

그동안 제 머릿속은 온통 이런 생각들뿐이었으니 어떻게 하면 빨리 책을 한 권 써낼까, 또 어떻게 써내면 돈이 될까, 저로서는 결국 글과 관련된 기술적인 테크닉에 대한 생각들 외에는 다른 생각을 할 겨를이 없었을 겁니다.

'문장을, 문단을 어떻게 시작할까?'

'뭐, 좀 그럴 듯한 멋진 표현 없나?'

'어떤 뽀대나는 사례들로 들이댈볼까?'

단박에 대박을 터뜨리는 데에만 열을 올리고 있었으니 글을 쓴다고 해도 매번 몇 분 이상 집중하지 못하고 노트북을 접을 수밖에 없었을 것이고, 그로 인해 습관적인 패배감에까지 젖어 있었으니 시간이 흐를수록 점점 더 글을 쓰고 싶지 않았겠지요.

지금에 와서 돌이켜보면 저에겐 어깨에서 힘을 뺄 수 있는 용기가 없었던 건지도 모르겠습니다. 내 자신이 아닌 다른 누군가를 위해 무언가를 보여줘야 했으니까요. 글을 쓰는 과정 그 자체가 아닌 다른 무언가를 위해 내 자신을 채찍질해야 했으니까요. 그러는 동안 제 어깨에는 제 자신조차 감당할 수 없을 정도의 힘만 차곡차곡 쌓이게 된 거지요.

행복은 성적순이 아니잖아요.

그래서 문득 이 문장이 떠올랐던 건지도 모르겠습니다. 동명의 영화,
많이들 기억하시지요? 순위나 결과로만 행복을 재단하면 안 된다는 뜻
입니다. 저는 이 표현을, 여기에서 한 걸음 더 나아가 이렇게 살짝 틀어
서 이해해보고 싶습니다.

성적은 행복순이잖아요.

지금 현재 자신이 하고 있는 일, 그 자체에, 그 순간의, 그 과정에서 행
복을 느끼고 있는 사람만이 좋은 성적을, 좋은 결과를 얻을 수 있다는 소
박하고도 단순한 생각. 한동안 글을 쓴다는 것, 거기에서 우러나오는 행
복감을 잠시 잊고 지냈던 것 같습니다. 그래서 오늘부터 어깨에서 힘을
좀 덜어내기로 제 자신과 약속을 해봅니다. 대박이 아닌, 아주 소박한
마음으로 말입니다.

여러분은 오늘,

어깨에 얼마만큼의 힘이 들어가 있었나요?

How to live Smart

—

우리는 지금까지 충분히 똑똑하게 살아온 것 같습니다. 오히려 너무 똑똑해진 나머지 머리가 다 욱신거릴 지경이지요. 지금도 그 똑똑함은 무한 증식되고 있는지도 모르겠습니다. 남보다 잘나가기 위해 소진되고 채워지기를 반복하는, 그 똑똑함 말입니다. 그런데 까놓고 말해 '똑똑함'이 밥 먹여주던가요. '지금보다 더 똑똑해져야 한다', '남보다 더 똑똑해져야 한다'는 피로감만 가중시키지 않던가요. 남보다 앞서가려 하다가 자기 자신마저 앞서가는, 그래서 자신을 잃어버리게 되는 그런 똑똑함, 이제 조금은 내려놓아도 되지 않을까요.

여기, 두 개의 태블릿PC가 있습니다. 하나는 말이 필요 없는 애플의 야심작 아이패드, 다른 하나는 애플의 아성을 무너뜨리기 위해 삼성전자에서 준비한 비밀병기 갤럭시 탭.

여러분은 아이패드와 갤럭시 탭, 둘 중 어떤 제품에 구미가 당기는지요? 소비자로서 어떤 제품을 구입하시겠습니까? 물론 '애플빠'도 있을 테고 '삼성빠'도 있을 테니, 상황을 좀 더 객관화시켜 보여드리겠습니다.

양사에서 론칭한 TV CF를 한번 볼까요. 우선 삼성전자 갤럭시 탭입니다.

10.1을 Tab.

크기에 도전하다. [더 커진 10.1 디스플레이 Tab]

가벼움으로 진화하다. [더 가벼워진 575g Tab]

슬림함으로 승부하다. [더 슬림해진 8.6mm Tab]

속도로 압도하다. [더 빨라진 HSPA+Tab]

앞서가고 싶다면 Tab하라. [How to live SMART]

갤럭시 Tab 10.1.

삼성전자 『갤럭시 Tab 10.1』 CF, 『도전 · 진화 · 승부 · 압도』 편

다음으로, 애플 아이패드입니다.

이제 우리는 신문을 시청할 수 있고,

잡지를 들을 수 있으며,

영화와 함께 뒹굴고,

통화를 볼 수 있습니다.

강의실을 어디에나 데려가고,

서재를 통째로 휴대하고,

별을 만질 수도 있습니다.

바로 지금, 이것으로 인해.

애플 「iPad2」 CF

　자, 여러분은 지금 두 편의 광고를 보셨습니다. 다시 묻겠습니다. 아이패드와 갤럭시 탭, 둘 중 어떤 제품에 더 관심이 가는지요? 성능과 기능을 중시하는 '이성적인' 분이라면 분명 갤럭시 탭에 혹할 겁니다. 반면 자신이 상상조차 못한 일을 할 수 있다는 정신적 베네핏(benefit)을 중시하는 '감성적인' 분이라면 아이패드에 혹하겠지요.

　삼성이 강조하는 게 뭔가요. 딱 네 가지입니다. 화면의 크기, 무게, 두께, 그리고 속도. 더 커졌고, 더 가벼워졌고, 더 슬림해졌고, 더 빨라졌다는 겁니다. 무엇에 비해? 이전 버전에 비해. 철저히 제품 자체(의 속성)에 올인하면서 전에 비해 얼마나 더 업데이트되고 업그레이드되었는지, 성능이 얼마만큼 더 개선되었는지를 역설하고 있습니다. 이것은 다시 말해, 시간이 지나면 10.1 버전도 결국 또 다른 개선된 버전으로 대체될 거란 사실을 암시하고 있지요.

반면 아이패드의 경우에는 어떤가요. 애플이 강조하는 건 아이패드2라는 제품 자체가 아닙니다. 아예 아이패드2에 대한 소개 자체가 없지요. 오히려 아이패드2를 통해 우리가 '무엇을 할 수 있는지'를 보여줍니다. 전작인 아이패드1에 비해 무엇이 달라졌는지에 대한 이야기도 일절 없습니다. 글쎄, 신문을 TV로 보는 것처럼 시청한답니다. 잡지를 소리로 들을 수 있다고 하고요. 통화를 귀가 아닌 눈으로 볼 수 있으며, 한 장소에서만 진행이 가능했던 강의를, 또 한 장소에서만 보관했던 책들을 휴대할 수 있다고 합니다. 그것도 모자라 미치지 않고서야 절대 가능하지 않은 '손으로 별 만지기'까지 가능하다고 하네요. 뭐랄까요, 이런 느낌에 가깝달까요.

갤럭시 탭 10.1은 아주 잘난 놈입니다. 그는 자신이 남보다 우월하다는 것을 이미 너무나 잘 알고 있지요. 그래서 사람들에게 그 사실을 끊임없이 입증해 보여주려고 합니다. '남과의 비교'를 통해서 말이지요.

아이패드2 역시 아주 잘난 놈입니다. 하지만 그는 자기 잘난 맛에 빠져 남과의 비교를 통해 자신의 '잘남'을 확인, 또 재확인하는 데 빠져 있기보다는 그 시간에 자신이 뭘 할 수 있는지, 뭘 하고 싶은지를 끊임없이 탐색하지요. 그야말로 왕성한 호기심의 소유자입니다.

이런 비유를 한 번 해볼까요.

만약에 말입니다. 갤럭시 탭 10.1과 아이패드2가 제품이 아니라 하나의 길, 다시 말해 우리가 선택하는 '인생의 방향'이라면 여러분은 어느 쪽 길을 걸어가시겠습니까. 혹은 그것이 우리가 추구하는 '꿈의 방향성'이라면 여러분은 어느 쪽 꿈을 좇아가시겠습니까.

갤럭시 탭이 제시하는 화두, 그 주제의식이 뭔가요. 바로 '똑똑하게 사는 법'입니다. 갑자기 그런 생각이 듭니다. 과연 어떻게 사는 것이 똑똑하게 사는 걸까요.

초등학교, 중학교, 고등학교, 대학교, 그리고 사회에 나오기까지 우리가 걸어온 길을 한번 돌아볼까요. 우리는 매번 한 단계 올라갈 때마다, 다음 단계로 가기 위해 각자 열심히 '무언가'를 했습니다. 어떤 분에겐 그것이 공부였을 수도 있고, 어떤 분에겐 그것이 운동이었을 수도 있으며, 또 어떤 분에겐 그것이 음악이었을 수도 있지요. 우리는 각자가 처해 있는 상황에서 누구보다도 열심히 달려왔습니다. 그런데 재미있는 것은, '열심히'라는 단어 앞에 또 다른 단어가 항상 암묵적으로 존재해왔다는 거지요. 바로 '남보다(남에 비해)'라는 단어 말입니다.

곰곰이 생각해보면 똑똑하게 산다는 건 '남보다 더 열심히 해 남보다 더 잘나간다'는 뜻, 아니었는지요. 똑똑하게 산다는 것, 거기에 물음표가 존재할 공간이란 것이, 스스로 궁금증과 호기심을 가질 여유란 것이, 내 자신에 대한 관심을 가질 기회란 게 있었나요?

우리의 꿈은 무의식적으로 그렇게 '제조'되어져 온 건지도 모르겠습니

●

"인생은 게임이야.
다들 필사적으로 싸워서
가치 있는 어른이 되는 거야."

키타노(기타노 다케시 분) 선생님이 학생들에게
영화 「배틀 로얄」에서

다. 평생을 '스펙 쌓기'에 내몰리면서도 남보다 앞서나갈 수만 있다면, 그래서 성공할 수만 있다면 주변과의 비교에서 오는 스트레스 따위는 충분히 감당할 수 있고 또 감수해야 한다고 되뇌어왔지요. 그렇게 오랜 기간 힘들게 숙성시킨 꿈, 그 꿈에서 우리가 목격한 건 뭘까요.

여러분은 자신의 꿈을 한 번이라도 제대로 들여다본 적이 있나요.
한 번이라도 그 꿈을, 자신의 가슴에서 끄집어내본 적이 있는지요.
우리가 진정 꿈을 꿀 수 있는 자유를 만끽해본 적이 있었나요.

혹시 자신의 꿈을 보면서 남보다 좀 느리게 달려도, 남보다 꿈의 크기가 좀 작아도, 남과 승부를 보려 하거나 남을 압도하려 하지 않아도 충분히 그 자체로 스스로가 이미 도전하고 있고 진화해가고 있다고 느껴보신 적 있는지요.

우리는 지금까지 충분히 똑똑하게 살아온 것 같습니다. 오히려 너무 똑똑해진 나머지 머리가 다 욱신거릴 지경이지요. 지금도 그 똑똑함은 무한 증식되고 있는지도 모르겠습니다. 남보다 잘나가기 위해 소진되고 채워지기를 반복하는, 그 똑똑함 말입니다.

그런데 까놓고 말해 '똑똑함'이 밥 먹여주던가요. '지금보다 더 똑똑해져야 한다', '남보다 더 똑똑해져야 한다'는 피로감만 가중시키지 않던가요. 남보다 앞서가려 하다가 자기 자신마저 앞서가는, 그래서 자신을 잃

83

어버리게 되는 그런 똑똑함, 이제 조금은 내려놓아도 되지 않을까요. 그래서 묻고 싶습니다.

여러분은 지금 자신을 보면서 설렘을 느끼고 계신가요.
무언가 열심히 하고 있는 자신의 모습 그 자체로 가슴이 두근거리시는지요.

그간 남을 뛰어넘는 데 신경 쓰느라 정작 제대로 관심을 기울여본 적이 없는 '나'라는 사람, 오늘 그와 함께 뒹굴고 그의 이야기를 들어보면서 그의 꿈을 한 번 만져보시는 것, 어떤가요. 어쩌면 그거야말로 진짜 '똑똑하게 사는 것'인지도 모르겠습니다.

●

"나는 즐겁게 살았다."

故 이병철 회장이 죽기 직전 남겼다는 한마디.

우리가 친구와 헤어질 때 "나는 즐겁게 놀았다",

프로젝트를 끝냈을 때 "나는 즐겁게 일했다" 식으로

"나는 즐겁게 ▢ ▢ ▢"를 쌓아간다면

그것 자체로 이미 성공한(행복한) 삶 아닐까.

당신 안에
천재 있다

—

달리는 꿈이 없었던 걸까요. '성공한 화
가가 아니라 '살바도르 달리가 되는 것'
이 그의 꿈이라니, 그는 왜 이런 엉뚱하
기 짝이 없는 말을 한 걸까요. 남들 눈
엔 미친 사람처럼 비쳐졌을지 모르지
만, 달리는 미치기는커녕 오히려 지나
치게 현실 인식이 정확한 사람이 아니
었을까 싶습니다. 무엇보다도 자기 자신
에 대한 정확한 인식을 갖고 있었고, 나
아가 스스로에 대한 지독한 사랑을 앓
고 있었던 사람이었을 겁니다. 그러니
자신을 너무나 사랑했던 그의 꿈이 자
연스럽게도 자신에게 도달하는 것이었
을 수밖에요.

천재란, 누구를 말하는 걸까요. 천재란 단어를 사전에서 찾아보면 다음과 같이 정의가 나와 있습니다.

"선천적으로 타고난, 남보다 훨씬 뛰어난 재주. 또는 그런 재능을 가진 사람."

제가 좀 예민한 걸까요. 뭔가 개운하지 않고 께름칙합니다. 이 단어에 대해 정의를 내리고 있는 '주체'는 누구인가요. 남입니다. '어떤 누군가' 혹은 '그 사람들'이겠지요. 분명한 건 '나'는 아니라는 겁니다.

우리는 지금까지 살아오면서 충분히 길들여질 만큼 길들여져온 것 같습니다. 남이 정해놓은 규칙, 남이 생각하는 방식, 남이 추구하는 스타일, 남의, 남에 의한, 남을 위한 삶. 실체가 불분명한 '디 아더스'라는 그림자 때문에 우리는 자신을 기준으로 놓고 무언가를 한 적이 생각 외로 그다지 많지 않은 것 같습니다.

'천재'의 정의를 다시 한 번 봐주실는지요. 과연 저 정의에서 중요한 것이 '선천적', '타고난', '뛰어난', '재능' 이런 단어들일까요. 어쩌면 '남보다'라는 단어가 우리가 진짜 눈여겨봐야 할 단어인지도 모릅니다.

'남'을 기준으로 나를 바라볼 때, 그렇게 '남'과 나를 비교할 때, '남'이 나를 어떻게 보는지에 관심을 둘 때 천재성은 증발해버리는지도 모릅니다. 세상에 나보다 잘난 '그 누군가'는 언제나 내 주변을 얼쩡거리는데, 너무도 쉽게 발견되는 그를 보며 지극히 감정적인 동물인 우리는 어떤 감정에 휩싸이던가요. 혹시 그를 보면서 '나'에 대한 판단을 내려버리지는 않던가요.

'무의식의 화가'라 불리는 살바도르 달리(Salvador Dali). 천재, 괴짜, 과대망상증 · 노출증 환자 등 붙는 수식어가 참으로 다양한 작가이지요. 달리는 언젠가 이런 말을 한 적이 있습니다.

나는 세 살 때 요리사가 되고 싶었고,

다섯 살 땐 나폴레옹이 되고 싶었다.

이런 나의 야망은 점점 더 커져

지금 내가 갖고 있는 꿈은

살바도르 달리가 되는 것이다.

자신의 꿈이 자기 자신이 되는 거라니요. 이건 또 무슨 소리인가요. 달리는 꿈이 없었던 걸까요. '성공한 화가'가 아니라 '살바도르 달리가 되는 것'이 그의 꿈이라니, 그는 왜 이런 엉뚱하기 짝이 없는 말을 한 걸까요. 남들 눈엔 미친 사람처럼 비쳐졌을지 모르지만, 달리는 미치기는커녕 오히려 지나치게 현실 인식이 정확한 사람이 아니었을까 싶습니다. 무엇보다도 자기 자신에 대한 정확한 인식을 갖고 있었고, 나아가 스스로에 대한 지독한 사랑을 앓고 있었던 사람이었을 겁니다. 그러니 자신을 너무나 사랑했던 그의 꿈이 자연스럽게도 자신에게 도달하는 것이었을 수밖에요.

어쩌면 그의 천재성은 그가 선보여온 엄청나게 색다른 작품들에 있는 게 아니라 그 작품들의 출발점인 달리 스스로에 대한, 바로 달리 자신의 생각에 있는지도 모르겠습니다.

나는 나를 어떻게 생각하는가?
나는 나를 진심으로 사랑하는가?

달리는 이 두 가지 질문에 대해 자신이 생각하는 정확한 답을 갖고 있었던 거지요.

"내 안에는 천재가 살고 있다"란 그의 말처럼 그의 천재성은 그가 스스로에게 끊임없이 걸어온 최면의 결과였는지도 모릅니다. 그리고 그 최면의 밑바탕에는 자신에 대한 넘치는 사랑이 든든하게 깔려 있었겠지요.

결국 달리는 자신을 사랑했기에, 남들이 자신을 미친 사람으로 생각하든 말든 그런 것 따위에 전혀 휘둘리지 않고 '나'답게, '나'처럼 살 수 있었던 겁니다.

그래서 묻고 싶습니다.

여러분은 자신을 '어떻게' 생각하시는지요?
자기 자신과 많이 친하신가요?

여러분은 자신을 다른 누구보다도 사랑하십니까?

●

난 한 번도 내가 못생겼다고 생각한 적이 없다.

난 내가 너무 사랑스럽다.

내가 이 험난한 세상을 버틴 비결이다.

난 나와의 싸움을 싫어한다.

세상과도 싸우느라 힘든데

왜 나까지 나를 괴롭혀야 하나.

김정운(여러가지문제연구소 소장)

—

당신에게
남아 있는 시간은
몇 초입니까

—

저에게 남은 시간이 50년이라고 생각
해보니, 과연 50년이라는 시간이 몇 초
일지가 너무나 궁금해지기 시작하는
겁니다. 그래서 계산기를 꺼내들고 바
로 계산해봤지요. 계산해보니 50년은
1,576,800,000초더군요. 겨우 15억 초
대, 억대 단위에 불과한 시간입니다. '에
계계, 정말이야? 내가 죽기까지 적어
도 조 단위, 아니 경 단위의 숫자 정도
는 나올 거라 생각했는데 고작 억대 단
위의 숫자가 나오다니, 이거 완전 실망
인데.' 저는 1,576,800,000초라는 시간
이 굉장히 짧게 느껴졌습니다만, 여러
분은 어떤가요. 1,576,800,000초가 길게
느껴지나요?

3년 전 어느 날, 심한 악몽을 꿨습니다. 혹시 영화「킬 빌(Kill Bill)」, 보신 분 계신가요. 그 영화에 보면 주인공 블랙 맘바(우마 서먼 분)가 관에 갇혀 땅에 매장당하는 장면이 나오지요. 그것도 멀쩡하게 살아 있는 채로 말입니다. 그런데 불행 중 다행으로 그녀는 자신이 배운 권법을 이용해 간신히 관을 부수고 땅 위로 빠져나오게 되지요.

물론 무술은 전혀 못하지만, 저도 딱 그런 상황에 놓여 있었던 겁니다. 저는 멀쩡하게 살아 있는데 바깥에선 부모님, 누나, 친구들이 저를 위해 울고불고, 찬송가를 부르는 등 난리도 아니었지요. 저 역시 살려달라고 소리 지르고 관을 연신 쳐대는데, 그것도 계속 하다 보니 숨이 조금씩 가빠져오려 하더군요.

바로 그 순간, 갑자기 아버지의 육성이 들리기 시작하는 겁니다. 아버지께서 특유의 카리스마틱한 저음으로 저에게 이렇게 말씀하시더군요.

"병민아, 넌 지금 꿈을 꾸고 있다. 어차피 이 꿈 안에선 죽으니 애쓰지 마라. 아버지로서 너에게 부탁하고 싶은 게 하나 있다. 꿈에서 깨어나면

네 자신에게 한 가지만 물어봐라. 너는 지금 이 순간부터 몇 살까지 더 살 수 있을 것 같니? 스스로에게 꼭 한번 물어보렴."

아주 생생하게 느껴졌던 그 꿈에서 깨어나자마자 제가 뭘 했겠습니까? 바로 제 나이를 떠올려봤지요. 3년 전이었으니, 그때가 제가 35살 때였습니다.

35살.

아버지께서 부탁하신 대로 제 자신에게 한번 물어봤지요. 나는 지금으로부터 몇 살을 더 살 수 있을까. 나에게는 몇 년의 시간이 남아 있는 걸까.

복잡하게 따질 것도 없이, 앞으로 의학 기술이 아무리 발달한다고 해도 50년 이상 살 것 같진 않더군요. 50년 후면 내 나이 85살인데, 그 이상 살 수 있을까? 가능성이 희박해 보였습니다. 물론 그 이상 살고 싶지 않은 것도 있지만요.

그런데 사실 제가 좀 괴짜입니다. 저에게 남은 시간이 50년이라고 생각해보니, 과연 50년이라는 시간이 몇 초일지가 너무나 궁금해지기 시작하는 겁니다. 그래서 계산기를 꺼내들고 바로 계산해봤지요.

$$50(년) \times 365(일) \times 24(시간) \times 60(분) \times 60(초) = 1,576,800,000초$$

계산해보니 50년은 1,576,800,000초더군요. 겨우 15억 초대, 억대 단위에 불과한 시간입니다.

'에계계, 정말이야? 내가 죽기까지 적어도 조 단위, 아니 경 단위의 숫자 정도는 나올 거라 생각했는데 고작 억대 단위의 숫자가 나오다니, 이거 완전 실망인데.'

저는 1,576,800,000초라는 시간이 굉장히 짧게 느껴졌습니다만, 여러분은 어떤가요. 1,576,800,000초가 길게 느껴지나요, 아니면 짧게 느껴지나요. 한 걸음 더 나아가 50년이라는 시간이 더 짧게(길게) 느껴지시나요, 아니면 1,576,800,000초가 더 짧게(길게) 느껴지시나요.

좀 더 구체적으로 비유해볼까요. 현재 여러분의 나이가 어떻게 되시나요. 자신의 나이를 초로 환산해주실는지요. 자, 그 초 단위의 시간과 연 단위의 시간을 한번 비교해보세요. 어느 쪽이 상대적으로 더 짧게(길게) 느껴지는지요. 혹시 감이 잘 안 오실 경우를 대비해 잠깐 눈을 좀 감아주시겠습니까. 지금부터 직접 시간을 세어 보시는 겁니다. 똑딱거리는 소리가 크게 나는 시계가 준비되어 있다면 더욱 더 좋습니다.

막상 시간을 한 초, 한 초 세어 보니 느낌이, 또 기분이 어떤가요. 시간이 매우 빨리 흐르는 것 같나요, 아니면 느리게 흐르는 것 같나요.

여러분이 제 책을 다 읽는 데 걸리는 시간을 대충 계산해보면, 넉넉잡고 한 4시간이면 충분하지 않을까 싶습니다. 4시간이 몇 초인가요. 다시 한 번 계산해보지요.

$$4(\text{시간}) \times 60(\text{분}) \times 60(\text{초}) = 14,400\text{초}$$

4시간은 14,400초입니다. 책 한 권 다 읽는 데 만 단위의 시간이 걸립니다. 뭐, 생각보다 크게 와 닿지는 않지요? 그럼 술자리를 한번 떠올려 볼까요. 친구들이나 동료들과 술을 한 번 마시면 보통 최소 4시간은 달리게 되지요. 그 시간이 바로 14,400초입니다.

여기에서 좀 더 깊이 들어가 볼까요. 직장인의 경우를 가정해보겠습니다. 여러분이 직장인이라면 하루 10시간은 족히 직장에서 시간을 보내게 될 겁니다. 다시 계산 들어가 보지요.

$$10(\text{시간}) \times 60(\text{분}) \times 60(\text{초}) = 36,000\text{초}$$

하루 종일 직장에서 소위 '뺑이 쳐가며' 보내는 시간이 만 단위인 3만 6천 초인데, 여러분이 죽기까지 남아 있는 시간이 억 단위[3]의 시간이라고 합니다. 다시 묻겠습니다. 여러분에게 남아 있는 시간이 길게 느껴지시나요, 아니면 짧게 느껴지시나요.

이 책을 읽고 있는 여러분의 나이가 저와 얼추 비슷한 나이대라고 가

---

3 제 책을 읽는 분들의 연령대를 최소 25세, 최대 45세 정도로 예상하고 남아 있는 시간을 계산해보니 전자의 경우 최대 65년, 즉 2,049,840,000초 정도가, 후자의 경우 최대 45년, 즉 1,419,120,000초 정도가 남아 있다고 생각할 거라 내다봤습니다.

정해보면, 우리에게 남아 있는 시간이 대략 50년 정도인데 이 50년이라는 시간이 그냥 듣고 있으면 매우 길게 느껴지지만, 막상 초로 환산해보면 의외로 그렇게 길게 느껴지지 않지요. 우리에겐 생각만큼 그렇게 많은 시간이 남아 있는 것 같지 않습니다. 그래서 우리가 여기서 반드시 짚고 넘어가봐야 하는 것이 하나 있지요.

행복해?

고장 난 신호등 대신해서 허우적거리고

매연 냄새에 찌들어가는 게 행복하냐고?

아, 물론 인정해.

사람은 누구나 제각각이라서

돈이 최고인 사람,

김치 한 조각에 밥만 먹어도 되는 사람,

그 돈 다 모아서 에티오피아 난민한테 보내봐야 다리 뻗고 자는 사람,

다양하지. 옳고 그를 건 없어.

다 자기 가치에 따라 살 뿐이야.

그래서 넌, 강건우는 네 가치에 따라 지금 이 순간, 행복하냐고.

강마에가 강건우에게, 드라마 「베토벤 바이러스」에서

여러분, 지금 행복하신가요?

더 이상 행복할 수 없을 정도로, 정말 미치고 환장할 지경으로 지금 행복해 죽겠습니까? 아니면 더 이상 불행할 수 없을 정도로, 너무나 불행한 나머지 미쳐 돌아버리기 일보 직전입니까? 이 책을 읽고 있는 것 자체가 이미 불행의 시작인가요? 여러분은 어느 쪽에 손을 들겠습니까? 만약 둘 중 어느 쪽도 아니라면 이건 어떨까요? 지금 행복한지 불행한지 잘은 모르겠지만 앞으로 행복해지고 싶은 것 같다, 라고 생각하시는 분 계신가요.

뭐 100퍼센트, 보나마나 모든 분들이 고개를 끄덕이시겠지요. 여러분 중 혹시 '불행해지고 싶다'고 생각하시는 분 계신가요. 세상에 그런 마조히스트는 없을 겁니다.

그래서 앞으로 행복해지고 싶은 마음을 품고 있는 여러분 스스로에게 한 번쯤 물어볼 것을 권해봅니다.

나는, ☐☐☐ (여러분의 이름)은 내 가치에 따라

지금 이 순간, 행복한가.

●

한 교수님이 수업시간에 이런 말을 했다.
인생에서 가장 중요한 두 가지는
아침에 일어나서 일하러 가는 것이 즐겁고 기쁜가,
저녁 식사시간에 함께한 사람을 마주 보며
행복함을 느끼는가라는 말이다.

라이언 박(하버드 로스쿨 2010년 최우수 졸업)

퍼즐 조각 #3

행복은 그냥 살면서 얻는 부산물이 아닙니다.

행복도 일종의 공부입니다.

매일의 복습과 '암기'를 요구합니다.

무엇이 진정한 행복인지 늘 확인하지 않으면

정작 그것이 찾아와도 받아들일 줄 모릅니다.

김경집, 『지금은 행복을 복습하는 시간』에서

여덟째 퍼즐
—

당신은 백지수표에
자신의 인생을
팔겠습니까

—

아침에 일어나서 자기 전까지, 여러분
은 자신이 하고 있는 일 때문에 가슴이
설레시나요. 자신이 꾸고 있는 꿈 때문
에 가슴이 두근두근 거리시는지요. 우
문처럼 들릴지 모르겠습니다만, 혹시라
도 가슴이 뛰지 않는다면 왜 그런가요?
어느 누구도 여러분에게 어떠어떠한 꿈
을 꾸라고 강요한 적도 없고, 꿈을 꾸
는 것 자체를 막은 적도 없습니다. 오롯
이 스스로 결정해서 선택한 꿈인데, 왜
가슴이 뛰지 않는 걸까요. 혹여 자신이
무엇을 원하는지를, 누구를 위해, 무엇
을 위해 그것을 '왜' 하고 있는지를 알지
못하기 때문은 아닐까요.

벌써 7년도 넘은 일이군요. 2006년 초에 저는 기자가 되기 위해 조선일보에 원서를 썼었습니다. 당시 운 좋게도 최종 면접까지 갔었지요.

아직도 면접장의 분위기에 대한 기억이 생생합니다. 여러 임원 가운데 한 분께서 감사하게도 제 자랑을, 저를 대신해 해주셨습니다.

"이 친구, 영어 하나는 아주 뛰어납니다. 미국에서도 살다 왔고, 상도 여러 개 타고……"

'고렇~쥐! 끝났네. 합격하겠군. 아, 홀가분해.'

자연스레 이런 생각이 들었지요. 면접이 막바지에 다다랐을 무렵, 사장님께서 목소리를 쫙 깔고 제게 마지막 질문을 던지셨습니다.

"지원동기를 영어로 말해보세요."

'아, 이 무슨 싱겁기 짝이 없는 엔딩인가. 아까 저 임원분이 한 소개를 못 들으셨나.'라는 생각이 드는 게 당연할 법한데, 순간 마치 머릿속의 생각이 모두 증발해버린 양 입이 완전히 얼어붙어버린 겁니다.

"어, I applied…… because…… 어, I wanted to……"

어떻게, 어떻게 말을 간신히 끝내긴 했습니다만 그때 저는 제가 왜 조선일보에 지원했는지, 그 이유를 제대로, 충분히 납득이 갈 만큼 대지 못했습니다. 그리고 그 결과 너무나 당연하게도 뚝, 떨어졌지요.

며칠간 잠을 이루지 못했습니다. 어떨 땐 뚜껑이 열렸다가, 또 어떨 땐 창피했다가 마음이 오락가락하는 게 도저히 진정이 안 되더군요. 그 이유는 단 하나, '왜 그때 입이 얼어붙어버렸냐'는 것. 왜 당당하게 실력 발휘를 못했냐는 것. 돌이켜보면 어쩌면 그 이유를 풀 수 있는 열쇠가 드라마 「하얀 거탑」에서 장준혁(김명민 분)이 보인 한 방울의 눈물에 있는지도 모르겠습니다.

「하얀 거탑」에서 장준혁은 담관암 말기에 걸린 환자로서 죽음을 앞두고 있지요. 삶의 시간이 얼마 남지 않은 상황에서 그는 마지막으로 그간 자신이 수술을 시행해온 방 안을 바라봅니다. 건강한 몸으로 수술을 주도하고 있는 자신의 모습을 환영으로 목격하는 그는 벅차오르는 가슴을 진정시키며 눈을 감고, 자신의 모습을 그대로 따라합니다.

그런데 어느 순간 자신의 손과 팔이 뜻대로 움직이지 않는다는 걸 알고 환영에서 깨어나 현실로 돌아오게 되지요. 자기도 모르는 사이에 눈물을 흘린 그때 그는 깨닫게 됩니다. 자신이 왜 눈물을 흘리고 있는지를. 장준혁의 눈물을 보면서, 저는 거기에서 또 한 사람의 모습이 오버랩됐습니다.

때는 35년 전인 1978년, 당대 세계 최고의 천재로 불리던 한 남자가 돌연 귀국합니다. 그의 귀국 사실 자체가 당시 큰 화젯거리였지요. 10년간 가장 높은 IQ를 가진 인물로 기네스북에 기록된 바 있는 이 남자. 그의 이름? 김웅용(金雄鎔).

대체 어느 정도 수준의 천재였기에 사람들이 그의 행보에 촉각을 곤두세웠던 걸까요. 귀국하기 전까지의 그의 기록이 담긴 리스트를 한번 살펴볼까요.

- 생후 6개월이 지났을 때 간단한 문장을 말함.
- 구구단을 배운 지 7개월 만에 미적분 문제를 풂.
- 세 살 때 일기를 쓰기 시작, 네 살 때 중학교에 입학, 다섯 살 때 대학에 입학
- 네 살 때 일본에서 8시간 동안 지능검사를 실시, 당시 모든 문항에서 만점을 받아 '측정불가'라는 판정을 받았고, 최고 측정치 IQ 200에 10을 더 얹어 IQ 210 기록. 1980년판 기네스북에 '세계 최고 지능 지수 보유자'로 등재
- 한 언어를 터득하는 데 걸린 시간은 1개월 정도
- 네 살 때 자국어 외에 영어, 독어, 프랑스어, 일본어의 4개 국어를 구사
- 여섯 살 때 일본의 후지TV에 출연, 방청객들 앞에서 미적분 문제를 풂.
- 1970년, 만 여덟 살의 나이로 미 항공우주국(NASA)의 선임연구원으로 발탁

그냥 보고만 있어도 숨이 턱턱 막히는 진귀한 기록들을 보유하고 있는 천재 김웅용, 그는 뭐가 아쉬워서 한국으로 돌아온 걸까요. 미국 생활에 환멸을 느꼈기 때문입니다. 그는 NASA에서의 생활이 지옥 같았다고 합니다. 친구도 없이, 일 외엔 특별히 할 수 있는 일도 없이 매일매일 계산 등의 단순 업무를 해야 했던 그는 이런 생각이 들었다고 합니다.

'내가 지금 여기에서 뭘 하고 있는 거지? 누구를 위해서, 무엇을 위해 사는 거지?'

큰 의미가 없다고 생각한 것이지요. 그래서 자신에게 주어진 특권이 자 의무를 버리고 자신이 하고 싶은 일을 하기 위해 한국으로 돌아왔던 겁니다[4]. 그런 그에게 사람들은 '비운의 천재'니 '실패한 천재'니 온갖 꼬리표를 갖다 붙였지만, 정작 본인은 담담하게 이렇게 말합니다.

"저는 천재가 아니기 때문에 '실패한 천재'라는 말은 맞지 않아요. 전 남들이 나이 들어 갈 곳을 미리 가서 경험했을 뿐이에요. 한때는 그게 너무 재미있었지만 나중에 힘에 부치면서 제자리로 돌아온 것일 뿐이죠."

그러면서 이런 반문을 덧붙입니다.

"과거에 천재라고 불렸다면 지금 제가 반드시 하버드대나 예일대에서 교수를 하고 있어야 하는 건가요?"

장준혁과 김웅용, 둘 사이에는 분명한 공통점이 하나 있습니다. 다음의 명제, 그 의미를 둘 다 꿰뚫고 있었다는 것.

나는 지금이 가장 행복하다.

자신이 무엇을 원하는지를, 누구를 위해, 무엇을 위해 그것을 하는지를 둘 다 정확하게 알고 있었던 거지요. 장준혁은 죽기 얼마 전에 그것을

---

4 한국으로 돌아온 그는 검정고시를 치릅니다. 분명 그에겐 국내든 해외든 좋은 대학에서 공부할 기회가 있었지만, 스포트라이트를 받는 것이 싫어 1981년에 지방에 있는 충북대에 입학합니다. 좀 의외지요? 그리고 그곳에서 전공을 물리학에서 토목공학으로 바꾼 후 박사학위까지 땁니다. 졸업 후 연세대, 충북대 등에서 강의를 하고 국토환경연구소 연구위원, 카이스트 대우교수를 역임한 그는 2006년에 충북개발공사에 입사, 준공무원으로서의 자신의 삶에 만족해하며 현재까지 그곳에서 열심히 일하고 있다고 합니다.

깨달았고 김웅용 씨는 한국으로 돌아가야겠다는 결심을 하면서, 즉 천재라는 옷을 벗어던지면서 그것을 깨닫게 되었습니다.

자신의 '꿈'을 생생하게 절감한 두 사람. 둘은 그제야, 아니 처음으로 자신의 '인생'을 살기 시작한 겁니다.

제가 조선일보 면접장에서 입이 얼어붙어버린 이유, 실력 발휘를 하지 못한 이유는 제가 정말로 기자로서의 삶을 원하는지, 누구를 위해, 무엇을 위해 그것을 하고 싶어 하는지 알지 못했기 때문입니다. 그러니 버벅댔을 수밖에요.

꿈. 여러분은 꿈을 갖고 계신가요.

어쩌면 이 식상해질 대로 식상해진 질문은 젊은 20대 청(소)년들에게만 해당하고 적용되는 질문이 아닌지도 모릅니다. 아니, 아예 애초부터 나이와 관계가 없는 질문인지도 모르지요. 여러분이 10·20대든 30·40대든 50·60대든, 자신이 지금 현재 하고 있는 일을 왜 하고 있는지, 무엇을 위해, 누구를 위해 하고 있는지 모른다면 말입니다.

그래서 묻고 싶습니다.

여러분의 꿈은 무엇입니까?

여러분은 지금, 자신의 꿈을 살고 계신지요.

유치원 때부터 현재까지 쭉 나이를 먹어가면서 여러분의 꿈은 어떻게 진화되어 왔나요.

당신이 불행하다고 해서

남을 원망하느라 시간과 기운을 허비하지 마라.

어느 누구도 당신의 인생에 영향을 미칠 수 없다.

그럴 수 있는 사람은 오직 당신뿐이다.

모든 것은 타인의 행동에 반응하는 자신의 생각과 태도에 달려 있다.

많은 사람들이 실제 자신과 다른 중요한 사람이 되고 싶어 한다.

그런 사람이 되지 마라. 당신은 이미 중요한 사람이다.

당신은 당신이다. 당신 본연의 모습으로 존재할 때 비로소 당신은 행복해질 수 있다.

당신 본연의 모습에 평안을 느끼지 못하면 절대 진정한 만족을 얻지 못한다.

자부심이란 다른 누구도 아닌 오직 당신만이 당신 자신에게 줄 수 있는 것.

자기 자신을 사랑한다는 것은 중요한 일이다.

다른 사람들이 뭐라 하든, 어떻게 생각하든 개의치 말고

어머니가 당신을 사랑하는 것보다 더 당신 자신을 사랑해야 한다.

삶을 언제나 당신 자신과 연애하듯 살라.

어니 J. 젤린스키

과거의 꿈은 무엇이었고, 지금의 꿈은 무엇인가요.

또 앞으로의 꿈은 무엇인지요.

지금부터 우리의 인생을 한번 되감아봅시다. 그동안 자신이 꿔온 꿈, 그 꿈의 변천사를 돌아보는 시간을 가져보자는 거지요. 3분 드리겠습니다.

어떤가요. 생각을 좀 정리해보셨는지요.

자, 그럼 지금부터 여러분께 딱 두 가지 질문을 드리겠습니다. 질문을 들으시면서, 그 내용에 따라 자신의 꿈이 바뀌는지 안 바뀌는지를 체크해보셨으면 합니다. 단, 조건이 하나 있는데 가슴에 손을 얹고 솔직하게 대답하셔야 한다는 겁니다.

① 만약 여러분이 의사, 한의사, 변호사, 변리사가 될 수 있는 능력과 돈과 '빽'을 다 갖추고 있다면(시험을 치면 100퍼센트 합격합니다) 지금이라도 하시던 일 혹은 꿈꾸던 일을 때려치우고 이 중 하나를 하시겠습니까?

② 만약 여러분에게 10억의 연봉을 드리겠다고 하는 기업이 있다면 지금이라도 하시던 일 혹은 꿈꾸던 일을 버리고 여기로 가시겠습니까? 부족하다고 생각하시면 차도, 집도 드리겠습니다. 그마저도 부족하다고 생각하시면 아예 백지수표를 드리겠습니다. 자, 이곳을 선택하시겠습니까?

두 번째 질문에 대해서는 약간의 부연 설명을 좀 드리겠습니다. 속으로 이런 생각을 하신 분들 있을 겁니다. '와, 연봉 열라 높네!' 하면서도 '가는 게 맞는 걸까'라고 생각하신 분들, 있지요? 직장을 한 번도 안 다녀 봤거나 현재 다니고는 있지만 다닌 지 얼마 안 된 사원급의 분들이 많이들 이런 생각을 갖고 계실 겁니다. 감이 잘 안 오는 거지요. 그래서 직장을 다녀본 사람으로서 이 연봉액을 좀 더 실감이 나도록 구체적인 예를 들어 풀어드리고자 합니다. 물론 이것이 '평균치'를 활용한 비유임을 감안해 주세요.

하루 24시간을 기준으로 봤을 때 이 기업이 여러분에게 10억을 베팅했다면 여러분을 13시간 밑으로 굴릴 리는 없을 겁니다. 그리고 365일을 기준으로 놓고 보면 300일 밑으로 일을 시킬 리도 없습니다. 10억이란 돈이 애들 장난은 아니니까요. 그렇지요? 그럼 둘을 한번 곱해볼까요.

13×300=3,900시간입니다.

자, 오퍼 금액인 10억을 3,900으로 나눠보세요. 나누면 얼마가 나오나요. 26만 원이 나옵니다. 결국 여러분은 시간당 26만 원을 받게 되는 겁니다. 지금 직장을 다니시고 계신 분들, 자신의 연봉 다 알고 계시지요? 그 연봉을 시간으로 환산해보세요. 여러분은 지금 시간당 얼마를 받고 계신지요?

이제 감이 좀 잡히시나요? 여러분은 시간당 26만 원을 제시한 이 기업을 선택하시겠습니까?

이렇게 두 가지 간단한 사례로 여러분의 꿈을 테스트해봤는데요, 둘 중 하나를 선택하신 분들도 계실 거고, 둘 다 선택하신 분들도 계실 겁니다. 물론 또 의외로 아무것도 선택하지 않으신 분들도 계시겠지요.

이 '매력적으로 보이는' 두 가지 제안을 다 거절하신 분들, 바로 그분들께만 다음의 질문을 드리고 싶습니다.

여러분은 왜 '사(士)' 자가 들어가는, 사회에서 인정받는 잘나가는 직업도 사양하고 고액의 연봉도 포기하셨는지요.

'난 명예고 돈이고 다 필요 없어!'

'돈이 다는 아니지'

그런가요? 그렇다면

- 여러분이 직장인이라면, 여러분은 왜 지금 □□□에 계신 건가요.
- 여러분이 소속이 없는 일을 하고 계신다면, 여러분은 왜 지금 그 일을 하고 계신 건가요.
- 여러분이 중·고, 대학생이라면, 여러분은 무엇을, 왜 하고 싶으신가요.

만약 제가 이 질문을 지금은 작고한 스티브 잡스에게 던졌다면 그는 저에게 당당하게, 이렇게 대답할 것 같습니다.

"The only thing that kept me going was that I loved what I did. You've got to find what you love."

2005년 6월, 잡스가 미국의 명문 스탠포드대학의 졸업식 축사에서 한 연설 중 한 부분입니다. 번역해보면 이렇습니다.

'지금까지 나를 지탱시켜준 건, 일에 대한 나의 사랑이었습니다. 자신이 사랑하는 일을 찾아야 해요.'

잡스가 1976년에 애플을 창업한 후 30년 넘게 일을 해올 수 있었던 이유는 그의 말대로, 그가 자신의 일을 사랑했기 때문입니다.

사랑.

약간 낯간지러운 단어인가요. 비록 낯간지러울진 몰라도 절대 피할 수도 없는 단어이지요.

여러분은 자신의 일을 사랑하십니까?

아침에 일어나서 자기 전까지, 여러분은 자신이 하고 있는 일 때문에 가슴이 설레시나요. 자신이 꾸고 있는 꿈 때문에 가슴이 두근두근거리시는지요. 우문처럼 들릴지 모르겠습니다만, 혹시라도 가슴이 뛰지 않는다면 왜 그런가요? 어느 누구도 여러분에게 어떠어떠한 꿈을 꾸라고 강요한 적도 없고, 꿈을 꾸는 것 자체를 막은 적도 없습니다. 오롯이 스스로 결정해서 선택한 꿈인데, 왜 가슴이 뛰지 않는 걸까요.

혹여 자신이 무엇을 원하는지를, 누구를 위해, 무엇을 위해 그것을 '왜'

하고 있는지를 알지 못하기 때문은 아닐까요. 그것도 스스로 충분히 납득될 수 있을 만큼 말입니다. 모르지만 안다고 생각해온 것은 아닐까요.

그래서 다시 묻고 싶습니다.

여러분의 꿈은 무엇입니까?

어쩌면 너무나 단순해 보이는 이 질문, 그 본질이 사망을 얼마 앞둔 장준혁이 그의 눈물을 통해, 또 미래가 창창했던 김웅용 씨가 자신의 미래를 버려가면서까지 보여주고자 했던 것 아닐까요.

The only thing

that kept me

going was that

I loved what I did.

You've got

to find

what you love.

Steve Jobs

한계를 만날 때,
능력은 시작된다

—

흥미로운 건, 누구나 한 번쯤 도달하는
이 한계 지점에서 그 종양을 양성으로
순화시킬 것인지 아니면 악성으로 악화
시킬 것인지, 우리가 그 방향성을 충분
히 선택할 수 있다는 겁니다. 내가 한계
를 안고 있다는 사실을 인정하고, 내가
두려움을 느끼고 있다는 사실을 수용
하는 것. '극복(overcome)' 이전에 '시인
(accept)'이라는 과정을 밟는 것. 우리는
이러한 중간 단계를 선택할 수 있지요.
그런데 자신이 약하다는 것을, 남보다
못하다는 것을 아무렇지도 않게 받아
들일 수 있는 사람이 세상에 과연 몇이
나 있을까요.

●

자동차가 한계를 만날 때,

타이어의 능력은 시작된다.

한국타이어 CF, 「제동」편

여러분은 지금껏 살아오면서

자신의 한계와 맞닥뜨려본 적이 있나요.

두 눈으로 생생히, 무너지기 직전의

자신의 모습을 목격한 적이 있는지요.

'한계를 극복해봤는가'라는 질문은

잠시 머릿속에서 지워주셔도 됩니다.

그저, 말 그대로 한계를

온몸으로 느껴본 적이 있느냐는 겁니다.

'도저히, 더 이상은 안 되겠어.

이제 그만두어야 할 것 같아.'

세상에, 내가 이 정도밖에 안 되는 사람이었나,

그 한계에 몸서리치는

자신의 모습을 지켜보면서

몸에서 진이 다 빠져나가는 느낌,

가져보신 적 있나요.

모든 것을 내려놓고 싶은 바로 그 순간,

너무나 괴롭고 고통스러워

자신의 모습을 제대로

응시할 수가 없었을 겁니다.

아니, 응시하고 싶지 않았을 수도 있겠지요.

자신감을 잃어서,

자괴감에 빠져서,

자존심이 상해서.

이런 여러 가지 복합적인 감정이 밀려와서 말입니다.

그리고 시간이 지나면서
그것은 자연스레 자신을 의심하는
'두려움'이라는 종양으로 변이되기 시작하지요.
움찔움찔, 사람을 옴짝달싹할 수 없게 만드는
트라우마로 남게 됩니다.

'내가 과연 이것을 해낼 수 있을까.'
'이미 봤잖아. 안 됐잖아. 어차피 또 해도 안 되겠지.'

흥미로운 건, 누구나 한 번쯤
도달하는 이 한계 지점에서
그 종양을 양성으로 순화시킬 것인지
아니면 악성으로 악화시킬 것인지,
우리가 그 방향성을
충분히 선택할 수 있다는 겁니다.

내가 한계를 안고 있다는 사실을 인정하고,
내가 두려움을 느끼고 있다는 사실을 수용하는 것.
'극복(overcome)' 이전에
'시인(accept)'이라는 과정을 밟는 것.

우리는 이러한 중간 단계를 선택할 수 있지요.

그런데 자신이 약하다는 것을,
남보다 못하다는 것을
아무렇지도 않게 받아들일 수 있는 사람이
세상에 과연 몇이나 있을까요.
자존심이 세든 약하든
거기에는 예외가 없습니다.

어쩌면 바로 그 순간이,
내가 진짜 '능력'을 갖고 있는지
확인할 수 있는 순간이 아닌가 싶습니다.
다시 말해 내가 나를
인정할 수 있는 감정적 든든함,
그 감정적 면역력을
나 스스로 갖추고 있는가,
그것을 확인해볼 수 있는
바로미터라는 거지요.

여러분은 '잃을 것'이 많나요?

추하든 아름답든

있는 그대로의 나를 솔직하게 인정하는 것,

이 이상 든든한 출발이 어디 있으랴.

칼릴 지브란

좀 더 가볍게 압축해볼까요.

여러분은 지금,

잃을 것이 있는지요?

만약 여러분의 사랑하는 애인이 어느 날 여러분에게 이런 얘기를 했

다고 쳐봅시다.

"날 위해 그동안 쌓아온 모든 것을

다 버릴 수 있어요?"

조금은 황당하다 싶을 수도 있겠지만,

이럴 경우 여러분은 뭐라고 대답하겠습니까?

비유컨대 저는 '그동안 쌓아온 모든 것'이

자신을 언제든 갉아먹을 수 있는

'두려움'이라는 생각이 듭니다.

그것이 돈이든 명예든

권력이든 지위든 뭐든 간에,

곰곰이 생각해보면

우리는 잃을 게 참으로 많은 것 같습니다.

'내가 그동안 노력한 게 얼만데.'
'내가 그래도 이 정도는 갖춰야 하는 거 아닌가.'

'나는 어떤 사람인가'보다는
'나는 어떤 사람이어야 하는가',
'나는 어떤 사람으로 보이고 싶은가'에
사실은 눈이 가 있는 거지요.

우리는 모두 상상력의 대가들입니다.
어떤 안 좋은 일이 벌어졌을 때
그것을 일단 과대포장해서 해석하곤 하지요.
인간으로서의 어쩔 수 없는
방어본능이 작동돼서 그럴 겁니다.
그런데 사실 좀 더 깊숙이 들어가 보면
무언가 '잃을 것'이 있다고 생각해
그런 것이 아닐까요.

우리가 본연의 능력을
발휘하기가 힘든 이유는
자신의 머릿속에, 또 가슴속에

음흉한 '상상력'이

덕지덕지 끼어 있기 때문입니다.

이렇게 해야 하는데,

저렇게 했어야 했는데,

과연 이게 맞을까,

나를 고작 그렇게 보면 어떻게 하지,

정말로 할 수 있을까,

해서는 안 되는 거 아닌가,

그렇게 해본 적이 없는데,

뭐라고 하는 거 아닐까,

이런 식으로 상상의 나래를

끊임없이 펼치는 거지요.

그러니 한계를 넘어서는 게 급선무일까요,

아니면 한계를 바라보는

자신을 제대로 보는 게 급선무일까요.

한계를 뛰어넘는 게 중요한가요,

아니면 한계가 무엇인지,

124   내가 그 한계를 어떻게 생각하는지,

"있잖아. 사람은 말이야,
상상력이 있어서 비겁해지는 거래.
그러니까 상상을 하지 말아 봐.
좆나 용감해질 수 있어."

철웅이 오대수에게, 영화 『올드보이』에서

무엇보다도 그 한계를 바라보고 있는 나를
내 자신이 진정
어떻게 바라보고 있는지가 중요한가요.

그래서 다시 묻고 싶습니다.
여러분은 지금, 잃을 것이 있습니까?
진정 '그것'이 무엇인가요?

퍼즐 조각 #4

왜, 그런 말이 있지요. '할 수 있다고 생각하면 할 수 있고, 할 수 없다고 생각하면 할 수 없다.' 할 수 있다고 생각해도 될까 말까인데, 할 수 없다고 생각하면 과연 될 턱이 있겠냐는 겁니다. 어쩌면 우리는 모두 다 태어나기를 '능력이 있는 사람'으로 태어났는지도 모릅니다. 그런데 실제로 살아가면서 우리가 다 다른 능력 수준을 보이는 이유는, 정말로 각자의 능력에 차이가 있어서가 아니라 어쩌면 자신에 대한, 또 자신의 한계에 대한 바로 자기 자신의 생각 때문일지도 모르지요. 그래서 어쩌면 '능력'이라는 것은 자신이 자신을 바라보는 그 순간의 '힘'으로 정의되어야 하는 건지도 모르겠습니다. 그렇게 놓고 보면 진짜 두려움은 '내가 과연 이것을 할 수 있을까'라는 문장에서 '이것'이 아니라 '나'에 놓여 있는 것 아닐까요.

열째 퍼즐
—

당신은 지금, 자신의 가슴에 불을 지피고 있는가

—

우리는 자신에게 앞으로 어떤 일이 벌어질지 아무도 예상하지 못합니다. 한 시간 뒤에, 일주일 뒤에, 일 개월 뒤에, 일 년 뒤에 자신에게 어떤 일이 일어날지 우리는 알 수 없습니다. 이렇게 자신의 미래를 우리가 스스로 예상하고 컨트롤할 수 없다면, 지금의 자리에서 우리가 할 수 있는 일은 딱 하나밖에 없는 것 같습니다. 자기 자신에게 물어보는 것. 나는 지금, 이 순간 내 주변 사람들의 가슴에 불을 지피고 있는가. 자기 자신에게 확인해보는 것. 나는 지금, 이 순간 내 주변 사람들의 가슴을 따뜻하게 지펴주고 있는가.

단 한 사람의 가슴도

제대로 지피지 못했으면서

무성한 연기만 내고 있는

내 마음의 군불이여

꺼지려면 아직 멀었느냐

안녕하세요. FM 영화음악의 정은임입니다. 나희덕 시인의 「서시」로 FM 영화음악 문을 열었는데요. 서시, 우리말로 여는 시입니다. 음, 그러니까 앞으로 계속해서 시를 쓸 사람이 영원한 시작의 의미로 쓴 글이죠.

항상 아이러니해요. 이렇게 끝 방송을 하게 되면 그래, '끝은 시작과 맞닿아 있다' 하는 의미에서 이런 시를 골랐어요. 꼭 그 마음입니다.

단 한사람의 가슴도

따뜻하게 지펴주지 못하고

그냥 연기만 피우지 않았나.

자, FM 영화음악 듣고 계신 모든 분들을 위해서 오늘 첫 곡 들려드리겠습니다.

「정은임의 FM 영화음악」, 2004년 4월 26일 방송분에서[5]

MBC의 전도유망했던 아나운서, 정은임. 이분은 지금 이 세상에 존재하지 않습니다. 2004년 8월 4일에 세상을 떠났지요.

여러분께 들려드린 이 방송은 그녀가 살아 있을 때인, 사망하기 4개월 전에 진행했던 그녀의 마지막 방송입니다. 두터운 마니아층을 거느렸던 「정은임의 FM 영화음악⁶」, 기억하시는 분들 꽤 많지요? 이 프로그램은 당시 많은 젊은 영화팬들을 청취자로 끌어들이며 거의 '컬트'에 가까울 정도로 대단한 인기를 끌었던 프로그램입니다. 다 은은한 목소리와 해박한 영화 지식을 갖고 있었던 정은임 씨 때문이었지요.

그런 그녀가 마지막 방송을 진행한 지 3개월 만에 한강대교 남단 흑석동 삼거리에서 차량이 전복되는 교통사고를 당해 중태에 빠졌고, 큰 수술을 받았지만 끝내 회복하지 못했습니다.

그녀의 나이, 고작 서른일곱이었지요. 아직도 생생합니다. 그녀의 빈소를 찾아갔던 기억이, 영정 속에서 활짝 웃고 있던 그녀의 모습이 말입니다.

---

5 방송은 www.worldost.com(On Air 게시판 → 2003~2004 → 171번)과 www.podbbang.com/ch/1813에 수록되어 있는 파일을 통해 다시 들을 수 있습니다.
6 「FM 영화음악」은 1983년경에 첫 방송을 시작했고 여러 진행자를 거쳐 오다가 조일수 아나운서의 후임으로 1992년 11월 2일부터 정은임 아나운서가 진행을 맡았습니다. 그러나 그녀는 1995년 4월에 개편으로 하차하게 되지요. 그 후 동시통역사이자 연극배우인 배유정이 진행을 맡았고, 1998년 가을에 홍은철 아나운서로 다시 바뀌게 됩니다. 2002년 봄 개편부터는 최윤영 아나운서가 DJ를 맡아 진행을 하다가 이듬해인 2003년 가을 개편 때 다시 정은임 아나운서가 진행을 맡게 됩니다. 하지만 6개월 만인 2004년 봄 개편 시기에 팬들의 반대에도 불구하고 4월 25일 방송을 끝으로 「FM 영화음악」은 완전히 폐지되지요. 그리고 그 해 7월 22일에 정은임 아나운서는 불의의 차량 전복사고를 당하게 되고, 수술 후 위독한 상태였다가 8월 4일에 숨을 거두었습니다. [위키백과, 수정본, 後略]

정은임 씨의 사진을 보면서, FM 영화음악의 골수팬으로서 사망하기 4개월 전에 그녀가 진행한 마지막 방송을 떠올렸던 기억이 납니다. 약간 떨리는 목소리로, 정든 자리를 떠나야 한다는 아쉬움이 진하게 배어 있는 목소리로 항상 그래왔듯, 차분하게 방송을 마무리했지요.

저는 장례식장을 걸어 나오면서 이런 생각이 들었습니다.

'과연 정은임 씨는 예상을 했을까, 마지막 방송을 진행하고 4개월 뒤에 사망할 거란 사실을. 예상이나 했을까, 그날의 교통사고를.'

당연히 예상하지 못했겠지요.

우리는 자신에게 앞으로 어떤 일이 벌어질지 아무도 예상하지 못합니다. 우리 모두 그저, 평범한 일간일 뿐이니까요. 한 시간 뒤에, 일주일 뒤에, 일 개월 뒤에, 일 년 뒤에 자신에게 어떤 일이 일어날지 우리는 알 수 없습니다.

이렇게 자신의 미래를 우리가 스스로 예상하고 컨트롤할 수 없다면, 지금의 자리에서 우리가 할 수 있는 일은 딱 하나밖에 없는 것 같습니다.

자기 자신에게 물어보는 것.

내 주변 사람들의 가슴에

불을 지피고 있는가.

자기 자신에게 확인해보는 것.

나는 지금, 이 순간

내 주변 사람들의 가슴을

따뜻하게 지펴주고 있는가.

혹시 놓친 가슴은 없는지 하나하나 살펴보는 것.

그런데 시간이 지날수록 떠난 사람에 대한 그리움이 커지듯

이러한 생각에도 조금은 깊이가 생겨나는 것 같습니다.

주변 사람들의 가슴에 불을 지피는 것만큼이나 중요한 것,

아니 어쩌면 그것보다 훨씬 더 중요한 것,

그것에 대해 돌아볼 수 있는 여유가 생기는 건지도 모르겠습니다.

그래서 내 자신에게 '그것'에 대해 물어봅니다.

나는 지금, 이 순간

내 가슴에 불을 지피고 있는가.

혹시 무성한 연기만 내고 있는 건 아닐까, 정녕 그냥 연기만 피워대고 있는 건 아닐까.

여러분은 어떤가요. 여러분은 지금, 이 순간 자신의 가슴에 불을 지피고 있습니까?

●

인생이란

당신이 숨쉬어온 그 모든 날들이 아니라

당신의 숨이 멎을 것 같았던 바로 그 순간들의 합이다.

영화 「Mr. 히치」에서

열한째 퍼즐

—

가방 속에
당신의
미래가 있다

—

저는 대학을 다니는 내내, 또 사회에 나
와서 회사를 다니는 내내 언제나 예외
없이 가방 속에 노트북과 책, 만년필,
그리고 수첩을 들고 다녔습니다. 다른
물건들이 가방 속에 추가로 들어간(혹
은 반대로 빠진) 적은 있어도, 이 네 개
의 물건만큼은 결코 빠진 적이 없지요.
그 순간, 알아차렸습니다. 제가 그동안
마음속으로 무엇을 원해왔는지를. 제
가 원하는 일이, 하고 싶었던 일이 뭐였
는지를. 활자중독자로서 저는 글을 쭉
짝사랑해왔던 겁니다. 언제나 글을 쓰
는 것을 좋아했고, 또 언제나 글을 읽
는 것을 좋아했던 거지요.

작가가 되고 나서 독자로부터 가장 많이 받아온 질문이 몇 가지 있습니다.

"어떻게 하면 제가 원하는 일을 찾을 수 있을까요?"

"저는 앞으로 뭘, 어떻게 해야 하는 걸까요?"

"저에게 맞는 일이 뭘까요?"

매우 비슷비슷해 보이는 이런 질문들을 받을 때마다 머리가 새하얘지는 기분이 듭니다. 인생을 그다지 오래 살지도 않은 제가, 인생의 중요한 기로에 놓여 있는 질문자에게 감히 뭐라고 대답해드려야 할지 참으로 막막합니다. 툭 까놓고 말해 '그걸 제가 어떻게 압니까?'라고 말하고 싶은 충동을 매번 느끼지만, 진지하기 짝이 없는 자세로 질문하는 분께 그렇게 말할 순 없는 거 아니겠습니까.

그런데 막막함이나 난감함도 잠깐, 제가 하고 싶은 말은 언제나 딱 하나로 귀결되더군요. 물론 듣는 사람 입장에선 꽤나 알쏭달쏭하게 들렸을 겁니다.

"지금 당장, 가방 안을 들여다보세요."

'할 말이 없으면 그냥 가만히 있지, 장난하냐?'

설마요, 장난하는 거 아닙니다. 자신이 원하는 일을 찾을 수 있는 방법, 자신이 앞으로 무엇을 해야 할지, 자신에게 맞는 일이 무엇인지에 대한 해답은 다름 아닌 여러분의 가방 속에 있습니다. 그것도 집에 있는 이 가방, 저 가방, 여기저기 나뒹굴고 있는 아무 가방에나 있는 게 아니고, 여러분이 매일매일 들고 다니는, 그 가방 속에 있습니다.

저는 2008년 6월에 마지막 직장이었던 LG생활건강을 퇴사했습니다. 제가 LG생활건강을, 뒤돌아보지 않고 일말의 후회도 없이 기분 좋게 때려치울 수 있었던 결정적인 이유는 제가 평소에 들고 다니는 가방을 들여다봤기 때문입니다.

퇴사하기 정확히 일주일 전의 일입니다. 여느 날처럼 저는 퇴근하고 집에 오자마자 방에 가방을 내동댕이치고 곧바로 침대로 직행했습니다. 그런데 그날 가방을 제대로 안 닫고 다녔는지 안에 있는 물건 몇 개가 빠져나오더군요. 워낙 주변이 정신없어지는 걸 싫어하는 완벽주의자라 그 물건들을 다시 가방 속에 집어넣으려는데, 불현듯 제 머릿속에 이런 생각이 드는 겁니다.

'나는 가방 속에 뭘 넣고 다닐까.'

그때가 벌써 5년 전의 일인데, 당시 사진을 찍어놓지 못해 그때 들어 있었던 물건의 종류에 대한 기억을 복원해 다시 한 번 찍어봤습니다.

완벽주의자들이 갖고 있는 흔한 증상이 하나 있다면, 그것은 누구에게도 뒤지지 않는 '호기심 천국'이라는 것. 뭐, 매일 들고 다니는 가방이라 호기심이 당길 만한 요소는 전혀 없었지만 특별히 할 일도 없어 한번 뒤져봤습니다.

막상 가방을 열어보니 가방이 생각 외로(?) 매우 조촐하게 꾸려져 있더군요. 저는 제 가방이 이렇게 심플하게 꾸려져 있는지 몰랐습니다.

아침에 일어나서 혹은 취침하기 전에 항상 싸오던 가방이지만 그 안에 무엇을 넣고 다녔는지 자세히 본 적이 없었던 겁니다. 더 정확히 말해 의식적으로 생각해본 적이 없었던 거지요. 필요하다고 생각되는 것들을 항상 그래왔듯이 당연히 알아서, 무의식적으로 챙겨 넣었을 테니까요.

가방에서 물건들을 하나씩 꺼내 바닥에 펼쳐놓으니 딱 네 개의 물건이 눈에 들어오더군요.

책, 노트북, 만년필(필통 포함), 그리고 수첩.

망치로 뒤통수를 맞은 듯 머리가 띵했습니다. 가방 안에

어떤 대단한 물건들이 들어 있어서가 아니라, 가방 안의 그 물건들이 제가 20대 초반부터 서른세 살 때까지 단 한 번도 빠뜨리지 않고 가방에 집어넣고 다녔던 물건들이란 사실을 깨달았기 때문입니다.

저는 대학을 다니는 내내, 또 사회에 나와서 회사를 다니는 내내 언제나 예외 없이 가방 속에 노트북과 책, 만년필, 그리고 수첩을 들고 다녔습니다. 다른 물건들이 가방 속에 추가로 들어간(혹은 반대로 빠진) 적은 있어도, 이 네 개의 물건만큼은 결코 빠진 적이 없지요.

그 순간, 알아차렸습니다. 제가 그동안 마음속으로 무엇을 원해왔는지를. 제가 원하는 일이, 하고 싶었던 일이 뭐였는지를.

활자중독자로서 저는 글을 쭉 짝사랑해왔던 겁니다. 언제나 글을 쓰는 것을 좋아했고, 또 언제나 글을 읽는 것을 좋아했던 거지요. 요컨대 활자를 빼놓은 제 생활은 이미 제가 원하는 생활이 아니었던 겁니다. 정작 제 자신은 그 사실을 까마득히 잊어버린 상황에서, 오히려 생뚱맞게도 제 가방이 그 사실을 환기시켜주었던 거지요. 설마 매일 들고 다니는 가방에서 제가 '원하는 것'을 찾아낼 거라고는 정말이지 상상조차 못했습니다.

가방을 연 그 날 이후 정확히 일주일 뒤에 저는 LG생활건강을 떠났습니다. 그것도 한 치의 미련도 없이.

그래서 이미 '떠난' 자로서, 아직 '떠나지 못한' 분들께 묻고 싶습니다.

지금 여러분의 가방 속엔 무엇이 들어가 있는지요?

퍼즐 조각 #5

오늘 외출할 때 들고 나간 가방(속에 넣은 것들, 하나도 빼지 말아주세요)을 책상 위에 올려놓아주실는지요. 자, 지금부터 그 안에 있는 것들을 모조리 다 꺼내시는 겁니다. 어떤 물건들이 들어가 있는지 유심히, 하나씩 살펴봐주세요. 사람마다 각각의 물건에 대해 갖고 있는 생각이나 관점, 애정의 척도나 수준이 조금씩 다르겠지만, 자신이 그 물건들 하나하나에 대해 느끼고 있는 것을 머릿속으로든 메모를 통해서든 한번 정리해보세요. 어떤 물건들이 여러분에게 아무런 감정도 안 불러일으키나요. 혹시 새롭게 혹은 색다르게 다가오는 물건이 있는지요. 그 '새로움' 혹은 '색다름'은 구체적으로 어떤 느낌인가요. 감정의 동요를 일으키는 그 물건들을 자세히 봐주세요. 그 물건들이 왜 새롭게, 색다르게 보이는지요. 바로 그 물건들에서 느껴지는 '그 무언가'를 스스로 정의내릴 수 있다면, 그래서 자신의 내면의 목소리를 조금이라도 건져낼 수 있다면 '가방 탐색 작전'은 이미 성공한 겁니다.

Back to the Future
슬럼프에서 빠져 나오는 법

—

과연 단 한 번의 성공도 없이 실패만 반복하면서 살아온 사람이 있을까요. 설사 그동안 실패만 해왔다고 해도, 따지고 보면 그것은 그 사람이 그 실패들을 진짜 실패라고 생각해서 실패가 된 경우가 적지 않지요. 시간여행을 하면서 제가 하는 일은 딱 하나입니다. 그동안 제가 만들어낸 성공, 그 경험 속으로 온전히 들어가 그 결과로 제가 얻은 것들을 하나하나 현재로 데리고 오는 겁니다. 그것으로 방전된 제 머리와 마음을 충전시키는 거지요. 이렇게 미래와 과거로부터 빌려온 보상의 힘을 저는 현재 하고 있는 일에 고스란히 쏟아 넣습니다.

저는 살면서 '슬럼프'라는 것을 꽤나 자주 겪어온 것 같습니다. 다 그 놈의 완벽주의 때문이지요. 워낙 성격이 확실한 걸 좋아하다 보니 무언가에 시간을 투자하면 결과 역시 정확하게, 딱 부러지게 나와야 한다는 완벽주의가 매번 제 다리를 걸고넘어집니다. 그런데 또 매번 어찌어찌하여 고비를 나름 잘 넘겨왔지요.

저처럼 자기 방식대로 안 되면 씩씩대면서 날뛰는 사람이 어떻게 그동안 그 많은 우여곡절을 넘겨왔을까요. 그것도 의외로 큰 탈 없이 말입니다.

저는 슬럼프에 빠질 때마다 해온 일이 하나 있습니다. 사실 지금에 와서 생각해보면 저도 모르게 거의 자동적으로 해왔던 일인 것 같습니다. 때로는 기도를 올리듯, 때로는 염불하듯 속으로 중얼중얼 주문을 외우는 거지요.

내가 이 일을 하면 어떤 보상(compensation)이 따를까.

보상의 내역을 최대한 구체적이고 상세하게 정리해 그것을 머릿속에 차곡차곡 주입합니다. 한때 회자가 됐던 R=VD 등식, 많이들 들어보셔서 알고 계실 겁니다. 쉽게 말해 '생생하게(Vividly) 꿈꾸면(Dream) 이루어진다(Realized)'라는 뜻인데요, 저는 이 등식을 다음과 같이 살짝 변용(變用)해봅니다.

143

R=VC

생생하게(Vividly)

보상(Compensation)을 그리면

이루어진다(Realized).

그런데 때로는 이 등식이 잘 맞아떨어지지 않을 때도 있습니다. 혹시라도 보상이 눈에 잘 보이지 않거나 보상을 받는 시기가 애매(불확실)하거나 보상의 정도와 수준이 정확하게 그려져도 그것이 어느 정도로 만족감을 줄지 감정적으로 장담할 수 없다고 느낄 때 저는 과감하게 과거로 시간여행을 떠나버립니다.

과연 단 한 번의 성공도 없이 실패만 반복하면서 살아온 사람이 있을까요. 정말이지 '재수 옴 붙은' 사람이 아니라면, 없을 겁니다. 설사 그동안 실패만 해왔다고 해도, 따지고 보면 그것은 그 사람이 그 실패들을 진짜 실패라고 생각해서 실패가 된 경우가 적지 않지요.

시간여행을 하면서 제가 하는 일은 딱 하나입니다.

그동안 제가 만들어낸 성공, 그 경험 속으로 온전히 들어가 그 결과로 제가 얻은 것들을 하나하나 현재로 데리고 오는 겁니다. 그것으로 방전된 제 머리와 마음을 충전시키는 거지요. 이렇게 미래와 과거로부터 빌려온 보상의 힘을 저는 현재 하고 있는 일에 고스란히 쏟아 넣습니다.

예상 가능한 보상을 앞당겨 챙김으로써 지금, 이 슬럼프의 시간을 한결 편안한 마음으로 준비하는 것. 결국 도전과 성장을 지속적으로 이어가기 위한 기반 마련인 셈이지요.

"미래는 백지야. 정해진 미래란 없다고.
자네가 직접 만드는 거라네, 멋진 인생을."
에멧 브라운 박사, 영화 『백 투 더 퓨처』에서

혹시 지금 슬럼프에 빠져 있나요. 그럼 오늘부터 자신의 과거와 미래를 두 눈 부릅뜨고 한번 샅샅이 살펴보세요. 자신이 잊어온(기대하는) 자신의 깨알 같은 성공들이 조금씩 눈에 들어온다면, 그것이 큰지, 대단한지 여부는 일단 제쳐두고 그것을 통해 무엇을 얻었는지(얻게 되는지)를 떠올려보세요.

그 유쾌한 선물 보따리를 현재로 가져와 머릿속에 집어넣으면 슬럼프로 인한 두통이 조금은 작아져 있다는 사실을 새삼 느끼게 될 겁니다.

열셋째 퍼즐
—

See the Seen

당신은 눈앞에
보이는 것을
제대로 보고 있는가

—

새로운 아이디어, 새로운 트렌드, 새
로운 이론, 새로운 콘셉트, 새로운 정
보, 이 모든 것을 얻기 위해 우리가 쏟
아 붓는 노력과 시간을 한번 생각해보
세요. 다 그 놈의 '보이지 않는 것'을 남
보다 더 빨리, 더 많이 찾아내기 위해서
이지요. 이제 손에 잘 잡히지 않고, 눈
에 잘 드러나지 않는 이런 추상적인 두
뇌놀이는 때려치웁시다. 변화, 혁신, 상
상력, 리더십과 같은 가치가 정말로 중
요해진 시대라면, 이것을 조금은 이해
하기 쉽게 풀어 자기 자신, 나아가 자신
의 주변부터 점검해보는 것, 어떨까요.

1

지난 2008년 SK텔레콤이 하나로텔레콤을 인수한 후 사명을 'SK브로드밴드'로 바꾸면서 SK에서 그 해 9월경 공중파에 내보낸 SK브로드밴드 론칭 광고, 다들 기억하시는지요? 잘 기억나시지 않는 분들은 더블유 앤 웨일(W & Whale)이 부른 R.P.G. Shine이라는 곡을 검색해서 한번 들어보세요. 노래를 따라 흥얼거리다 보면 기억이 나실 겁니다.

못 보던 세상 이제 시작이야

뭔가 보고 느끼고 경험하고 싶어

누구도 볼 수 없었던, 보여주지 못했던

SEE THE UNSEEN 브로드밴드

약간의 TV, 약간의 인터넷,

전화 약간 합치면 못 보던 세상

이제 내딛자 뛰어들자 들어가 보자

익숙한 세상이 놀랍게 변해

자, 지금부터 시작이다.

SEE THE UNSEEN SK 브로드밴드

SK브로드밴드, CI 론칭 CF 「See the Unseen」

저는 그때나 지금이나 이 광고를 볼 때마다, 무엇보다도 광고에 삽입된 곡을 들을 때마다 차가운 '그 무언가'가 스멀스멀 제 안에서 기어 올라오는 것을 느낍니다. 약간 불편하고 어딘가 개운하지 않은 찜찜한 그 무언가가 말이지요.

아무래도 제가 광고쟁이 출신이라 그런지 광고에 삽입된 카피에 촉이 서는 건 어쩔 수 없나 봅니다. 단 세 단어로 구성된 이 카피를 읽어보고 음미하기를 반복해봅니다.

See the Unseen

번역하면 '보이지 않는 것을 보라'입니다. 광고주나 제작사 측의 입장에선 여기에서 한 걸음 더 나아가 '보이지 않는 것을 보기 위해 노력하라'라는 의도가 담긴 메시지를 깔아놓고자 했겠지요.

글쎄요, 보이지 않는 것을 보랍니다. 그게 힘들다면 적어도 보이지 않는 것을 보기 위해 노력이라도 해보랍니다. 참 난감하고 당황스럽습니다. 아무리 노력한다 한들 애초에 인간으로서 할 수 없는 것을 해보라고 하니 저로선 살짝 울화통이 터지려 합니다. 여러분은 보이지 않는 것을 볼 수 있습니까?

아, 물론 여기에도 예외가 있긴 합니다.

경영이 무어냐고 묻는 사람들이 많다.

그럴 때마다 나는 '보이지 않는 것을 보는 것'이라고 답하면서 경영이든 일상사든 문제가 생기면 최소한 다섯 번 정도는 '왜?'라는 질문을 던지고 그 원인을 분석한 후 대화로 풀어야 한다고 덧붙인다.

이건희, 『이건희 에세이 : 생각 좀 하며 세상을 보자』에서

삼성전자 이건희 회장은 1997년 말에 발간한 에세이집에서 경영에 대해 얘기하면서 그 본질을 '보이지 않는 것을 보는 것'이라고 정의내린 바 있지요.

저는 그룹 회장, 총수도 아니고 세계적인 경영학자, 구루도 아닙니다. 그래서 그런 거창한 본질이나 정의에 대해서는 할 말도, 어떠한 토를 달 생각도 없습니다. 다만 제가 알고 있는 것이 딱 하나 있다면, 그것은 우리가 보이지 않는 것을 앞으로도 영원히 볼 수가 없다는 것 정도입니다. 그렇기에 우리가 그것을 하기 위해 노력(해야)한다는 것이 그저 황당한 난센스로 들릴 뿐이지요.

그래서 한때나마 광고계에 몸담은 사람으로서 저는 이 광고의 카피를 이렇게 바꿔보고 싶습니다.

'보이는 것을 보라'는 것이지요. 눈앞에 보이지 않는 것을 보려고 주구장창 달릴 게 아니라, 이미 눈앞에 주어져 있는 것들을 보기 위해 노력해보라는 뜻입니다. 내가 보고, 듣고, 만지고 있는 내 물건, 내 일, 내 주변 사람들(동료, 친구, 가족 등), 지금 현재 나를 거쳐 가고 있는 그 모든 것, 그 모든 사람들에게 주의를 집중해보라는 겁니다.

2

지금은 '창조경제의 시대'입니다. 이 시대는 아래와 같은 단어들이 그 어느 때보다도 중요시되고 있고, 또 각광받고 있는 그런 시대이지요.

변화 혁신 상상력 리더십

서점엔 다양한 경제경영서, 자기계발서들이 너 나 할 것 없이 앞 다퉈 이런 단어들이 들어간 주제에 대해 다루고 있고, 신문, 잡지, 방송 등 여러 매체에서도 이에 질세라 다양한 특집, 기획기사를 쉴 새 없이 쏟아내고 있습니다.

다 좋습니다. 시대의 불가피한 요구이자 요청이니 어쩌겠습니까? 그에 부합하기 위해 노력하는 것이 마땅하겠지요.

저는 워낙 호기심 천국이라 궁금한 건 절대 못 참는 성격입니다. 이 '중요하기 짝이 없는' 단어들을 앞서 소개한 SK브로드밴드 광고의 카피와 엮어보고 싶은 충동을 느낍니다. 다음과 같이 말이지요.

□□의 본질은 '보이지 않는 것을 보는 것'에 있다.

박스 안에 변화, 혁신, 상상력, 리더십을 차례대로 넣어봐 주실는지요. 이렇게 갖다 붙여도 전혀 이상하지 않지요? 변화해야 한답시고, 혁신해야 한답시고, 상상력과 창조성, 리더십을 갖춰야 한답시고 우리는 보이지 않는 것을 보기 위해 그동안 죽도록 열심히 뛰어다녔고, 지금도 뛰어다니고 있습니다.

새로운 아이디어, 새로운 관점(시각, 접근법), 새로운 트렌드, 새로운 이론, 새로운 콘셉트, 새로운 정보, 이 모든 것을 얻기 위해 우리가 매일매일 쏟아 붓는 노력과 시간을 한번 생각해보세요. 다 그 놈의 '보이지 않는 것'을 남보다 더 빨리, 더 많이 찾아내기 위해서이지요. 고생도 이런 생고생이 없습니다.

이제 손에 잘 잡히지 않고, 눈에 잘 드러나지 않는 이런 '머리만 빠개지는' 추상적인 두뇌놀이는 때려치웁시다. 변화, 혁신, 상상력, 리더십과 같은 가치가 정말로 중요해진 시대라면, 이것을 조금은 이해하기 쉽게 풀어 자기 자신, 나아가 자신의 주변부터 점검해보는 것, 어떨까요.

그런 차원에서 저는 위의 문구를 이렇게 다시 정리해보고 싶습니다.

□□의 본질은 '보이는 것을 제대로 보는 것'에 있다.

변화하고 혁신해야 한다면, 상상력을, 또 리더십을 갖춰야 한다면 지금 내 눈앞에 보이는 것부터 똑바로, 제대로 보기 위해 노력할 것. 어쩌면 이것이 나 자신을 위해 우리가 지금 선택할 수 있는, '창조경제의 시대'를 살아가기 위한 최적의 전략이 아닐까 싶습니다.

그래서 묻고 싶습니다.

여러분은 지금, 이 순간
자신의 눈앞에 보이는 것을
얼마나 제대로 보고 있습니까?

당신은 □ □ 이 보이십니까

여러분, 아래의 사진을 한번 봐주실는지요.
혹시 보이시나요, □ □ 이?

박스 안의 정답이 뭘까요?
정답은 킹콩입니다.

이곳은 학동 사거리에 있는 그 유명한 '킹콩 빌딩',
압구정동의 랜드마크로 자리 잡은 건물이지요.

舊 키네마 극장(현재 강남 난타전용관)을 오르는 킹
콩이 등장한 지도 벌써 17년이 됐군요. 압구정동을
한 번이라도 가본 분이라면 이 건물에 대한 이야기
를 익히 들어서 잘 알고 계실 겁니다. 지나가면서 보
신 분들도 계시겠지요.

이 거대한 킹콩을 실제로 보셨든, 아직 못 보셨든
한번 묻고 싶습니다. 다소 엉뚱하고 황당하게 들릴
수도 있는 질문이지만, '진지하게' 대답해주시면 고
맙겠습니다.

①여러분이 이 건물 앞을 지나갔다면 킹콩을 발
　견(목격)하셨을 것 같나요?
②여러분이 이 건물 앞을 그동안 여러 번 지나갔
　다면 킹콩을 매번 쳐다보셨을 것 같나요?

만약 둘 다 No라면, 왜 그런가요?

만약 ①은 Yes이고 ②는 No라면, 왜 그런가요?

만약 ②는 Yes이고 ①은 No라면, 왜 그런가요?

만약 둘 다 Yes라면, 여러분은 킹콩을 보시면서 어떤 반응 혹은 행동을 취하셨을 것 같나요? 왜 그런 반응 혹은 행동을 취하셨을 것 같나요?

PS. 여러분 혹시 「월리를 찾아라」 기억나시는지요? 저도 한때 이 책에 빠져갖고 눈알이 벌겋게 충혈되도록, 정말 미친 듯이 월리를 찾았던 기억이 납니다. 여러분도 그러셨나요. 자, 그때의 기억을 다시 끄집어내봅시다. 이 엄청난 군중 속에 숨어 있는 월리, 여러분은 그를 찾을 준비가 되어 있으십니까?

월리를 찾는 데 혈안이 돼 있던 바로 그때, 그 자세로 자신의 주변을 둘러보시는 건 어떨지요. 그 속에 꼭꼭 숨어 있는 나 자신을 발견하는 재미도 꽤 쏠쏠할 것 같습니다.

열넷째 퍼즐

—

단 한 장의 사진이
당신의 인생을
바꿔놓을 수도 있다

—

케빈은 93년에 동료 실바(Joao Silva)와
함께 수단으로 날아가 당시 기아에 허
덕이던 사람들의 모습을 사진으로 기
록했습니다. 여기저기 널브러져 있던
시체들을 촬영하는 과정에서 그는 숲
속에서 웅크린 채 배고픔에 흐느끼는
한 소녀를 발견하고 사진기를 조준했지
요. 그리고 셔터를 누르려고 하는 순간,
갑자기 어딘가에서 독수리 한 마리가
날아와 소녀 뒤에 도사리고 앉게 되었
습니다. 한 굶주리는 소녀와 이를 노려
보는 독수리가 담겨 있는 사진이 운명
처럼 탄생하게 된 순간입니다.

2년 전으로 잠깐 돌아가 보겠습니다. 2010년 3월 21일, 맨체스터 유나이티드의 박지성 선수가 영국 맨체스터 올드 트래포드 구장에서 열린 잉글리시 프리미어 리그 리버풀과의 경기에서 후반에 멋진 헤딩 역전 · 결승골을 집어넣었습니다. 저는 엄청난 축구광은 아니어서(사실 문외한입니다) 뒤늦게 기사를 통해 이 소식을 접하게 됐지요.

기사들을 보면서 박지성이란 선수가 얼마나 대단한지 새삼 다시 한 번 느꼈습니다. 경기를 보신 분들, 꽤 있지요? 골을 넣을 때 하필 상대 수비수 글렌 존슨의 발에 차이는 바람에 머리에서 상당한 양의 피를 흘렸지요. 경기 후 한 바늘을 꿰매야 했던 걸로 기억합니다.

저는 갑자기 호기심이 생겨 다양한 각도의, 그의 헤딩골이 보고 싶어졌습니다. 그래서 이 사진 저 사진 스크랩을 해봤는데, 사진들을 하나하나 정리하다가 제 눈길을 끄는 사진을 하나 발견했습니다. 같은 팀 동료 선수가 걱정 어린 눈길로 박지성의 얼굴을 바라보는 그런 사진이었지요.

제가 그 사진을 보면서 '캬, 역시 박지성. 너밖에 없다. 부상투혼!' 이런 생각을 했을까요.

그런 생각을 하는 게 당연하지만, 저는 이 사진을 본 순간 박지성이 '얼마나 대단한 선수인가'라는 생각보다는 오히려 그의 왼편에 있는 선수에게 갑자기 '급' 호감이 생기기 시작했습니다. 솔직히 고백하건대 전 그의 이름도 몰랐습니다. 누구인가요? 박지성의 절친, 에브라(Patrice

Evra)입니다.

박지성의 헤딩골로 대한민국이 온통 그의 부상으로 얻어진 값진 수확에 집중해 있는 동안 저는 오히려 그의 옆에서, 그의 어깨를 감싸 안으며 그의 부상에 대해 걱정의 눈빛을 보내고 있는 에브라에게 관심이 갔습니다.

갑자기 제 직장생활이 뇌리를 스치더군요. 사회에 나와서 여러 직장을 거쳐 온 제가 그간 어떻게 생활해왔는지, 문득 머릿속에 이런 질문이 떠오르는 겁니다.

'나는 그동안 박지성과 같은 선수가 되고 싶었을까, 아니면 에브라와 같은 선수가 되고 싶었을까.

저 순간의 박지성처럼 혼자서 모든 걸 척척 해내는 원맨쇼를 지향했던가, 아니면 에브라처럼 주변을 돌아보는 조화와 팀워크를 지향했던가.'

여러분은 어떤가요.

여러분은 그동안 살아오면서 저 순간의 박지성처럼 빛나고 싶었나요, 아니면 에브라처럼 남을 빛나게 하는 사람이 되고 싶었나요. 어느 쪽에 좀 더 가까운 것 같나요.

만약 여러분이 '글쎄, 난 박지성에 좀 더 가까웠던 것 같은데.'라고 생각하신다면 지금부터 들려드리는 이야기에 귀를 기울여주셨으면 좋겠습니다.

- 넌 내 친구니까 이런 말 한다고 오해하지는 마. 네가 20년 후에도 여기에 살면서, 막일을 하면서 우리 집에 와서 비디오나 때리고 있으면 정말이지 널 죽여버릴 거야. 농담 아냐. 정말 죽여버릴 거야.

- 갑자기 뭔 소리야?

- 야, 넌 우리한테는 없는 엄청난 재능을 갖고 있어.

- 젠장! 다들 왜 나한테 이래라 저래라야? 내가 하고 싶지 않다면? 난 이 일이 좋다고.

- 아니, 아니. 이 빌어먹을 놈아. 널 위해서 하는 소리 아냐. 날 위해서야. 50이 돼도 난 막일이나 하고 있을 거야. 뭐, 그건 괜찮아. 상관없어. 하지만 넌 지금 당첨복권을 갖고 있으면서 너무 겁이 많아 돈으로 못 바꾸고 있는 꼴이라고. 그건 정말 병신 같은 짓이지. 네가 갖고 있는 재주를

가질 수만 있다면 난 뭐든지 할 거야. 여기에 있는 사람들도 마찬가지야. 여기에서 20년씩이나 썩고 있는 건 우리에 대한 모욕이라고. 시간 낭비야.

- 모르는 소리 마.

- 모른다고?

- 그래. 넌 몰라.

- 좋아. 하지만 이거 한 가지는 알아. 매일 아침 너의 집에 들러 널 깨우고 같이 외출해서 한껏 취하며 즐거운 시간을 보내는 것? 좋아. 그런데 하루 중 가장 행복한 순간이 언제인지 알아? 내가 너의 집골목에 들어서서 너의 집 문을 두드렸는데, 네가 없는 거야. 바로 그때야. 안녕이라는 말도 없이, 아무런 작별 인사도 없이 그냥 그렇게 네가 떠났을 때라고. 적어도 그 순간만큼은 진짜 행복할 것 같아.

척키가 윌에게, 영화「굿 윌 헌팅」에서

두 명의 친구가 있습니다. 척키 슐리반(벤 애플렉 분)이라는 친구는 매일매일 막일을 하면서 간신히 입에 풀칠을 하며 사는 친구입니다. 배운 것도, 가진 것도 없는 소위 '루저' 인생을 살고 있는 친구이지요. 반면 윌 헌팅(맷 데이먼 분)이라는 친구는 척키처럼 매일 막일을 하지만 실제로는 두뇌가 비상한 천재입니다. MIT 내 복도 벽에 붙여져 있는 문제를 아무 어려움 없이 풀 정도로 머리가 타고난 수재이지요. 마음만 먹는다면 얼마든지, 그리고 언제든지 자신이 하고 싶은 일을 할 수 있습니다. 하지만 영화에서 그는 막일을 선택하지요.

그런 그의 모습을 보면서 척키는 이렇게 말합니다. '친구로서 내가 가장 행복해할 순간은 매일 아침 다른 친구들과 함께 널 픽업하러 너의 집에 가는데, 어느 날 네가 우리에게 아무런 인사도 남기지 않고 떠나버렸을 때'라고 하지요. 척키는 왜 월에게 이런 엉뚱한 말을 했을까요?

월을 진심으로 아꼈기 때문입니다. 자신의 인생을 낭비하고 있는 꼴을 친구로서 더 이상 볼 수가 없었던 거지요. 그 걱정과 안타까움의 정도가 그의 반어법에 그대로 담겨 있습니다. 얼마나 안타까웠는지, 척키는 월에게 말하면서 'fuck'이라는 단어를 여섯 번이나 날리지요.

한번 묻고 싶습니다.

현재 여러분 곁에는 척키처럼 여러분을 이렇게, 이 정도로 생각해주는 사람이 있나요? 그것이 친구든 가족이든 동료든, 그 누구든 간에 말입니다. 곰곰이 생각해보세요, 자신의 주변에 이런 사람이 있는지.

반대로도 한번 생각해볼까요. 여러분은 현재 여러분 곁에 있는 주변 사람들에게 척키와 같은 사람인가요? 지금부터 1분 정도를 드릴 테니 마음속으로 자신이 어느 쪽에 해당되는지 잠깐 돌아보는 시간을 가졌으면 합니다.

자, 어떤가요. "Yes."라는 대답이 바로 튀어나오나요. 생각보다 쉽게 튀어나오지 않지요? 머뭇거리시는 분들, 분명 있을 겁니다.

여러분 곁에는 지금 척키와 같은 사람이 없나요? 여러분은 지금 주변

163

사람들에게 척키와 같은 사람이 아닌가요? 대답이 왜, 쉽게 나오지 않을까요?

1993년으로 잠시 돌아가 보지요. 93년 당시 한 젊은 사진기자가 있었습니다. 이름은 케빈 카터(Kevin Carter, 당시 나이 34). 그는 사진으로 세상의 부조리를 알리고자 한, 매우 깨어 있는 기자였지요. 케빈은 93년에 동료 실바(Joao Silva)와 함께 수단으로 날아가 당시 기아에 허덕이던 사람들의 모습을 사진으로 기록했습니다. 여기저기 널브러져 있던 시체들을 촬영하는 과정에서 그는 숲 속에서 웅크린 채 배고픔에 흐느끼는 한 소녀를 발견하고 사진기를 조준했지요. 그리고 셔터를 누르려고 하는 순간, 갑자기 어딘가에서 독수리 한 마리가 날아와 소녀 뒤에 도사리고 앉게 되었습니다. 한 굶주리는 소녀와 이를 노려보는 독수리가 담겨 있는 사진이 운명처럼 탄생하게 된 순간입니다. 많이들 아시다시피 그는 이 한 장의 사진으로 그 다음 해인 1994년에 사진계의 노벨상이라고 불리는 퓰리처상을 수상하게 되지요. 기자로선 그야말로 최고의 영예를 누리게 된 겁니다.

그런데 문제는 그때부터 시작됩니다. 사진이 대중에게 공개된 후 그는 전 세계인들로부터 맹비난을 받게 되지요. 왜일까요? 아주 멋진 사진이 나왔는데, 그는 왜 비난에 시달리게 됐을까요? 요지는 이렇습니다.

'사진이 먼저냐, 애가 먼저냐?'

'아이를 바로 구했어야 하는 거 아니야?'

천하의 나쁜 놈이 된 거지요.

사실 이 사진에 대한 설도 많고 뒷이야기도 많습니다만, 취재를 통해 검증된 팩트[7]만 얘기하자면 세상 사람들이 이 사진에 대해, 또 케빈에 대해 오해를 하고 있었다는 것. 사진에 포착된 아이, 새, 그리고 사진의 구도, 이 모든 것이 우연의 산물이었다고 합니다.

쌓여가는 억측과 비판 속에서 그는 상을 받은 지 2개월 만에 가족들에게 유서를 남기고 자살했습니다. 유서는 이렇게 시작하지요.

"우선 맨 먼저, 정말로, 정말로 죄송하다는 말을 하지 않을 수 없다. 나는 인생의 고통이 기쁨을 뛰어넘어, 더 이상 기쁨 따위가 없는 지점에 도달하고 말았다[8]."

---

7 케빈의 사진 촬영에 동행했던 실바 曰 "……아이의 부모? 부모는 바로 곁에서 지원식량을 얻으라 필사적이었지. 그 바람에 잠시 아이 혼자 내버려둔 거야. 케빈이 찍은 아이도 마찬가지였어. 제 어머니가 아이를 살그머니 땅바닥에 내려놓았을 뿐이었어. 그 순간 우연히 하느님이 케빈에게 미소를 지었던 거지. 찍고 나니까 아이 뒤쪽으로 독수리가 휙 하고 날아와서 앉았대. 녀석의 바로 눈앞에 말이지. 케빈은 남의 카메라를 빌려서 오는 바람에 180밀리 렌즈밖에 없었어. 그래서 독수리가 달아나지 않도록 살그머니 몸을 움직여서 양쪽 핀트가 제대로 맞는 장소로 10미터가량 옮겨 찍었던 모양이야. 그렇게 몇 장 찍는데 독수리가 '휙' 하고 날아가 버렸다더군. 한 번 생각해봐! 똑같이 사진 찍었는데, 녀석 앞에는 우연히 독수리가 나타났을 뿐이야." - 『아프리카에서 온 그림엽서』(예담, 2007)에서
8 참고가 될 것 같아 케빈 카터와의 인터뷰 중 한 대목을 공유해드립니다.
"기자들의 출입이 엄격히 통제되고 있던 수단의 아요드 지역에 어렵게 들어갔다. 지옥과 같은 기아 현장의 참상을 목격하며 섭씨 50도를 넘나드는 살인적인 더위를 뚫고 50㎞를 걸어 다니던 중 문제의 장면을 만났다. 정신없이 사진을 찍은 후 소리를 쳐 독수리를 쫓아버렸다. 소녀는 잠시 후 몸을 일으켜 앙상한 팔다리를 떨며 마을 쪽으로 비틀비틀 걸어갔다. 나는 충격이 스쳐간 뒤 한동안 나무그늘에 주저앉아 소리 내어 울었다. 눈앞에서 시름시름 죽어가는 어린이들을 보면서도 아무것도 해줄 수 없는 잔혹한 현실이 거기에 있었다." - 아사히신문, 1994년 5월 3일자

당시의 굶어 죽어가던 아이, 그리고 자살로 생을 마감한 케빈 카터, 둘 다 참 안 됐다는 생각이 듭니다.

여러분, 잠시 눈을 감고 케빈 카터의 사진을 연상해 봐주실는지요? 머릿속에, 또 가슴속에 어떤 단어들이 스치고 지나가나요? 혹시 이런 생각이 드시는 분, 계신가요.

'쌤통이야. 저 애, 빨리 굶어 죽어야 하는데!'

있다면 이 책을 읽고 있을 게 아니라, 지금이라도 당장 정신병원에 가보셔야겠지요.

어떤 단어들이 떠오르나요? 연민, 동정심, 위로, 이런 단어들이 떠오를 겁니다. 저 애 빨리 뭐 좀 먹여야 할 텐데, 저 애 빨리 병원으로 데려가야 할 텐데, 이런 생각이 드는 게 당연하지요.

왜? 우리는 인간이기 때문입니다. 인간이기 때문에 인지상정이라고, 남의 아픔에 안타까워하고 또 같이 힘들어할 수 있는 거지요.

한 3년 전 쯤, 시중에 『오리진이 되라』(쌤앤파커스 刊)라는 책이 출간된 적이 있습니다. 이 책에 보면 이런 문구들이 등장하지요.

- 아픔을 들여다보는 힘이 있으면 운명이 바뀐다.
- 기쁨을 보태는 힘이 있으면 운명이 바뀐다.
- 남이 보지 못한 아픔을 보면 새로움이 보인다.
- 남이 주지 못한 기쁨을 주는 것이 새로움이다.

저자는 '아픔은 섬세한 사람만이 들여다볼 수 있는 특권'이라고 하면서 '선수들은 아픔을 찾기 위해 노력한다'라고 합니다.

저는 여기에서 한 걸음 더 나아가 이 얘기를 간략하게 이렇게 정리해보고 싶습니다.

'다음 시대, 다음 세대를 이끌어갈 인재들이 반드시 갖춰야 할 조건이 하나 있다면, 그것은 바로 □□□입니다.'

□□□ 에 들어갈 세 글자, 그것이 과연 뭘까요? 다름 아닌 공감력(empathy)입니다.

남이 행복할 때, 불행할 때, 잘나갈 때, 아플 때, 다쳤을 때, 힘들어할 때 옆에서 인정해주고 칭찬해줄 수 있는 능력, 옆에서 같이 아파해줄 수 있는 능력을 말하지요. 여러분은 상대방이 이런 감정을 느끼고 있을 때 옆에 가서 그의 등을 토닥여주실 수 있나요.

"많이 힘들지? 힘내. 나도 겪어봤는데, 아무것도 아니야."

"이야, 대단하다. 축하축하! 정말 멋져, 와우!"

당연한 거 아니냐고요? 그런가요. 그럼 이런 경우는 어떤가요. 동료(동기)가 한 명 있습니다. 여러분과 동갑인 이 사람은 '스펙'이 모든 면에서 여러분보다 뒤떨어집니다. 그런데 연초에 승진 발표가 난 걸 보니, 이 사람이 여러분보다 1년 빨리 승진한 겁니다. (여러분이 취업준비생이라면 취업 상황을 한번 떠올려보세요.) 기분이 어떨 것 같나요?

'정상적인' 마인드를 갖고 있는 사람이라면 당연히 이런 생각이 들 겁니다.

'정말 더러워서 때려치우든가 해야지. ㅇ같은 회사! 퉷퉷퉷!'

그런데 그 순간, 더럽다느니 거지같다느니 욕하고 '난리 부르스'를 출 바로 그 순간에, 승진한 동료(동기)에게 가서 아무렇지 않다는 듯, 이렇게 말할 수 있겠습니까?

"오-올! 축하한다. 짜-식, 승진할 줄 알았어. 앞으로 너에게 이것저 것 많이 배워야겠다. 잘 부탁해. 다시 한 번 축하!"

그가 잘나가고 있을 때 그의 옆에서, 잘나가고 있는 그에게 진심어린 박수를 보내면서 축하의 인사를 건넬 수 있겠냐는 겁니다. 그가 행복해 하고 있는 그 순간에 기쁜 마음으로, 기꺼이 동참하면서 말이지요.

다시 묻겠습니다. 여러분은 남이 행복할 때, 불행할 때, 잘나갈 때, 아 플 때, 다쳤을 때, 힘들어할 때 옆에 가서 그의 등을 토닥여주실 수 있나 요. 여러분은 상대방의 행복, 불행, 기쁨, 아픔, 슬픔에 공감할 수 있는 능력을 갖고 계신지요.

만약 지금 여러분 주변에 사람이 없다면 박지성을 쳐다보던 에브라의 눈, 윌에게 건넨 척키의 조언, 그리고 굶주리던 아이가 담긴 케빈의 사 진을 한번 떠올려보세요. 어쩌면 그 눈빛, 그 말, 그 시선에 우리가 배워 야 할 관계의 모든 것이 숨어 있는지도 모릅니다.

퍼즐 조각 #7

듣고 보면 누구나 다 아는 거지만, 다 알기 때문에 우리가 쉽게 간과하고 잊어버리는 것이 하나 있지요. 공감은 동정(sympathy)이 아닙니다. 둘은 엄연히 서로 다르지요. 결국 '어느 쪽 입장에서 바라보느냐'의 차이입니다. 자신의 입장에서 바라본다면 그것은 동정입니다. 공감은 반대로 그 사람의 입장에서, 다시 말해 그 사람의 마음으로 들어가 그 사람의 시선으로 바라볼 때 일어나는 감정적인 상태를 말합니다. 그런 관점에서, 여러분은 '내가 어떻게 그 사람이 될 수가 있지?'라고 물을지 모릅니다. 물론 내가 그 사람이 되는 것은 불가능하지만 그와 같은 입장에 스스로를 놓아볼 수는 있습니다. 어떻게? '아픔'을 많이 겪어보면 됩니다. 깨지고 박살나고 차이고 아작 나는 등 눈물을 흘리는 횟수가 늘어날수록, 공감을 할 수 있는 능력도 그만큼 늘어나지요.

그러한 전제 아래 한 번만 더 묻겠습니다. 여러분은 상대방이 행복할 때, 불행할 때, 잘나갈 때, 아플 때, 다쳤을 때, 힘들어할 때 옆에 가서 그의 등을 토닥여주실 수 있는지요.

열다섯째 퍼즐
—

그 아이들은
무엇을 보고
있었던 걸까

—

초등학교 시절로 잠깐 돌아가 볼까요.
다들 백일장 혹은 미술 실기대회에 나
가서 상을 타보신 적, 한 번쯤은 있지
요? 학교 체육행사에 나가서 100m, 뜀
뛰기로 상을 타본 분도 계실 겁니다. 학
급에서 반장, 부반장, 혹은 다른 부장
역을 맡아본 분도 계시겠지요. 자, 우리
는 그때 왜 그렇게 죽자 사자 열심히 달
렸고, 왜 뭔가에 홀린 듯 그렇게 열심히
그렸으며, 왜 기를 쓰고 반장, 부반장이
되려고 했던 걸까요. 무엇 때문에? 대
부분 '선생님(주변 친구들) 때문에'라고
대답할 겁니다. 선생님 혹은 친구들에
게 자랑하고 싶었던 거지요.

벌써 20년도 훨씬 넘은 때라 지금은 어떤지 잘 모르겠습니다만 미국은 야구에 '미친' 나라답게 여러 초등학교, 중학교, 고등학교가 모여 자체적으로 연합 리그를 만들어 메이저리그와 똑같은 경기방식과 룰로 운영을 합니다. 저도 어렸을 적 미국에 살면서 한 2년간 선수로 뛰었었지요.

돌이켜보면 저는 운동신경이 발달한 아이는 아니었던 것 같습니다. 그렇다고 야구를 사랑했느냐? 그것도 아니었던 것 같습니다. 제가 크게 관심도 없었던 야구를 했던 건 딱 하나, 시합이 끝나고 나면 경기장 바로 옆에 붙어 있는 매점에서 파는 핫도그를 먹기 위해서였지요. 세상에 이 핫도그가 얼마나 맛이 있었는지, 그날 경기를 잘 뛰든 못 뛰든 끝나고 나서 이거 하나 먹을 생각에 힘들고 지루한 경기를 버틸 수 있었던 것 같습니다.

그런데 이 핫도그 말고도 제 머릿속에 또렷하게 박혀 있는 것이 하나 더 있습니다. 비록 운동신경은 별로였지만 관찰력과 기억력이 나쁘지 않았던 저는 경기를 끝내고 운동장을 떠날 때마다 철창에 걸려 있는 한 문구를 유심히 쳐다봤던 기억이 납니다. 속으로 '저게 뭐지' '왜 저런 게 저기에 걸려 있을까' 적잖이 궁금해 했지요. 물론 아쉽게도 핫도그를 먹어치우는 데 온 정신이 팔려 있어 어느 누구에게도 물어볼 생각은 못했지만요.

그리고 27년이 지난 올해 1월 어느 날, 저는 강의를 준비하는 도중 한 사이트에서 이 문구와 다시 조우하게 됐습니다. 그런데 희한하게도, 또 흥미롭게도 거기에 올라가 있는 사진에도 한 경기장 철창 밖의 모습이 담겨 있더군요.

27년 전에는 핫도그 때문에 궁금증만 간직한 채 그냥 흘려버렸던 이 문구를 이번에는 세심하게 살펴보면서 그 의미를 알아보기로 했습니다.

Parents, your kids are watching.
부모님들, 당신의 아이가 당신을 지켜보고 있습니다.

운동장 안에서 경기를 뛰고 있는 선수들은 이 문구가 보이지 않습니다. 밖에서 경기를 지켜보고 있는 선수들의 친구, 부모, 기타 주변 사람들에게만 보이지요.

경기장 밖이라면 '쓰레기를 아무데나 버리지 마세요', '고성방가하지 마세요' 이런 내용이 걸려 있을 법한데, 엉뚱하게도 선수들이 당신을 쳐다보고 있다는 내용이 올라가 있습니다. 대체 주최 측은 이 문구를 무슨 생각으로, 어떤 의도로 철창에다 붙여놓은 걸까요.

곰곰이 생각해보면, 주최 측이 이것을 걸어놓은 이유는 생각 외로 간단한 곳에 있습니다. 초등학교 시절로 잠깐 돌아가 볼까요. 다들 백일장 혹은 미술 실기대회에 나가서 상을 타보신 적, 한 번쯤은 있지요? 학교 체육행사에 나가서 100m, 뜀뛰기로 상을 타본 분도 계실 겁니다. 학급에서 반장, 부반장, 혹은 다른 부장역을 맡아본 분도 계시겠지요.

자, 우리는 그때 왜 그렇게 죽자 사자 열심히 달렸고, 왜 뭔가에 홀린 듯 그렇게 열심히 그렸으며, 왜 기를 쓰고 반장, 부반장이 되려고 했던 걸까요. 무엇 때문에? 대부분 '선생님(주변 친구들) 때문에'라고 대답할 겁니다. 선생님 혹은 친구들에게 자랑하고 싶었던 거지요. 선생님이나 친구들 때문이 아니었다면 그때나 지금이나 변하지 않은 풍토 탓을 해야 할 겁니다. '부모님 때문에'라고. 그 어린 나이에 '내 자신을 위해서'라고 생각한 조숙한 분들, 과연 몇이나 있을까요.

바로 여기에 철창에 걸려 있는 문구의 정체가 숨겨져 있는 건지도 모르겠습니다.

우리가 남녀노소 할 것 없이 죽을 때까지 버리지 못하는 욕망이 하나 있지요. 그것은 다름 아닌 인정(認定)에 대한 욕구입니다. 우리가 그 어린 나이에 그 다양한 일들을 했던 것은 주변 사람들로부터 인정받고 싶었기 때문입니다. 잘하면 인정받을 거라는 믿음을 갖고 있었기 때문이지요. '부모님들, 당신의 아이가 당신을 지켜보고 있습니다'라는 말은 아마도 이런 뜻일 겁니다.

'부모님들, 당신의 아이가 당신이 자신을 열심히 쳐다보고 있는 그 눈빛, 즉 당신의 인정, 당신의 칭찬을 기다리고 있습니다.'

이야기를 좀 다른 관점에서 풀어볼까요.

한 5~6년 전에 '경청'이라는 단어가 크게 회자된 적이 있습니다. 지금도 물론 이것이 소통을 하는 데 있어 가장 중요한 덕목이라는 데 이견을 다실 분은 없을 겁니다.

그런데 한 번이라도 생각해보신 적 있나요. 우리가 왜 남의 이야기에 귀를 기울여야 하는지를 말입니다. 그동안 경청의 중요성에 대해서는 여기저기서 숱하게 많이 다뤄져왔지만 우리가 경청을 해야 하는 이유, 그 밑에 깔려 있는 본질에 대해서는 생각만큼 많이 다뤄져온 것 같지 않습니다.

우리가 상대방의 이야기에 귀를 기울여야 하는 이유는 그의 '이야기'에 있지 않습니다. 이야기의 비중이나 중요성과는 관계없이 그 초점은 바로 '상대방' 자신에게 있지요. 상대방이 '내 이야기를 들어달라'고 하는 것은 결국 자신의 '이야기'도 이야기지만, 그것보다는 그 이야기를 하고 있는 '나'를 좀 봐달라, '나'를 좀 알아달라는 것입니다. 우리가 그의 이야기에 집중할 거라는 기대감이 그로 하여금 입을 열게 만드는 결정적인 동기부여가 되는 거지요.

그런 의미에서, 한번 묻고 싶습니다.

여러분은 누군가가 말을 걸어왔을 때 그가 하는 '말'에 귀를 기울였나요, 아니면 '그 사람' 자체에 관심을 기울였나요?

혹시 그의 말이 여러분의 관심사가 아니어서 흘려들은 적은 없었는지요?

살아가면서 힘이 빠질 때마다 스스로에게 한 번씩 물어볼 일입니다.

나는 왜
그 구멍가게의
단골이 되었는가

—

희한하게도, 저는 제가 그동안 A에만
들락날락거렸다는 사실을 최근에서
야 깨달았습니다. 저처럼 '미치도록' 까
다로운 사람이 대체 왜, 뭐 하나 괜찮
아 보이는 구석이 없는 A만 찾았던 걸
까요. 모든 걸 다 체크해야 직성이 풀리
는 완벽주의자가 미처 신경 쓰지 못한
한 가지, 바로 그 한 가지가 제 눈을 사
로잡았기 때문입니다. 돌이켜보면 그것
은 '가게'에 대한 게 아닌 '사람'에 대한
거였습니다. A를 경영하는 아저씨 a는
B를 경영하는 아저씨 b가 갖고 있지 않
은 몇 가지 모습들을 제게 보여주셨는
데, 그것이 저를 확 끌어당겼던 거지요.

저희 집 앞에는 구멍가게가 하나 있습니다. 이곳을 A라고 부르겠습니다. A의 규모? 정말 작습니다.

A 앞에는 또 하나의 구멍가게가 있습니다. 이곳을 B라고 부르겠습니다. B는 엎어지면 코가 닿을 정도로 A와 상당히 가깝게 붙어 있습니다. (B의 사장님, 상도덕이 아주 불량한 것 같습니다.) 여긴 사실 구멍가게라고 하기엔 좀 애매한 크기를 갖고 있지요. 약간의 과장을 보태자면 거의 편의점급의 크기입니다. 시설이나 인테리어는 A에 비해 훨씬 좋습니다.

참고로 저는 이것저것 다 따지는 매우 까탈스러운 남자입니다. 과자를 하나 사러 가더라도 가게 안의 디자인이나 분위기가 어떤지, 갖춰놓은 과자의 종류가 얼마나 되는지, 제품의 디스플레이는 깔끔한지, 내부 청소 상태는 어떤지 하나하나 다 살펴보는 편입니다.

위의 조건들을 다 따져보니, 어느 정도 예상은 했지만, A가 B보다 더 높은 점수를 얻은 항목이 단 하나도 없더군요. 저에게 A와 B, 둘 중 어디로 가겠냐고 묻는다면 두말할 것도 없이 저는 B로 간다고 할 겁니다.

그런데 희한하게도, 저는 제가 그동안 A에만 들락날락거렸다는 사실을 최근에서야 깨달았습니다.

저처럼 '미치도록' 까다로운 사람이 대체 왜, 뭐 하나 괜찮아 보이는 구석이 없는 A만 찾았던 걸까요. 모든 걸 다 체크해야 직성이 풀리는 완벽주의자가 미처 신경 쓰지 못한 한 가지, 바로 그 한 가지가 제 눈을 사로잡았기 때문입니다.

돌이켜보면 그것은 '가게'에 대한 게 아닌 '사람'에 대한 거였습니다. A를 경영하는 아저씨 a는 B를 경영하는 아저씨 b가 갖고 있지 않은 몇 가지 모습들을 제게 보여주셨는데, 그것이 저를 확 끌어당겼던 거지요.

첫째, a의 일관된 상냥한 표정.

무슨 조커(Joker)도 아니고, 제가 A에 들어갈 때부터 나갈 때까지 웃음과 미소가 떠나질 않습니다. 어쩌면 제가 거기에 '들어갈 때부터'가 아니라 하루 종일 그 표정으로 있었는지도 모릅니다. a의 상냥한 표정, 그리고 거기에 덧붙여진 친절한 제스처들. 너무 착해 보여 제가 다 미안할 지경입니다. 제 기분과 마음도 덩달아 '착해지는' 것 같습니다.

둘째, 제가 a에게 뭔가를 물어보면 그는 언제나 예외 없이 2∼3배 이상의 정보가 담긴 피드백을 줍니다.

예를 들어 "이 과자 얼마예요?"라고 물으면 그냥 "○○원이에요." 하면 될 것을, 그는 반드시 "예전엔 ○○원이었는데, 지금은 좀 올라서 ○○원이에요. 다른 비슷한 제품 A, B, C는 그 사이 a, b, c만큼 올랐고요, 안에 들어간 성분도 a', b', c' 식으로 조금씩 다 틀려요. 요즘 과자 경기가 이래요."

와우, 유 윈!

a의 말을 듣고 있다 보면 어느새 궁금했던 게 모조리 다 해결돼 있더군요. 제가 몰랐던 것을 넘어, 제가 궁금해 할 법한 것들, 궁금하진 않지만 알아두면 좋을 것들까지 세심하게 일일이 다 챙겨주니 지식 쪽으로만 보면 아예 제가 구멍가게를 하나 새로 차려도 될 정도입니다.

셋째, 손님을 절대 '돈'으로 보지 않습니다.

그냥 같은 동네에 사는 편안하고도 친한 이웃 정도로 손님을 대하지요. 돈이 없으면 돈이 없는 대로 내도 되고, 아니면 아예 그냥 다음에 생각날 때 내도 됩니다. 또 구입한 게 조금 많다 싶으면 "몇 동, 몇 호세요?"라고 물으면서 다 무너져가는 자전거로, 어떻게 그런 속도를 내는지 불가사의하다 싶을 정도로 정말 '총알'같이 배달해주지요. 이건 뭐, 제가 오히려 돈을 더 얹어드려야 할 것 같은 기분이 듭니다.

이 세 가지 항목들이, 정확히 b가 갖추고 있지 않은 항목들입니다. 항상 찡그리는 듯한 얼굴에, 질문을 하면 필요한 대답만 하는 태도에, '빨리 계산하고 가라'는 식의 '너는 너고 나는 나'주의. 뭐라도 안 사면 때릴 것 같습니다. 고객에 대한 관심? 일절 없습니다. 그저 상품을 파는 것, 돈이 들어오는 데에만 관심이 있지요.

a와 b를 비교해보면 둘 간의 차이가 분명해집니다. a의 경우 고객을 그야말로 '가족처럼 모신다'는 것. 그의 고객 접대법의 핵심은 바로 '상대방의 입장에서' 본다는 겁니다.

'내가 고객이라면 무엇을 원할까.'

'내가 고객이라면 무엇을 물어볼까.'

'내가 고객이라면 나에게서 무엇을 기대할까.'

저는 a와 b, 두 사람의 모습을 보면서 두 권의 책이 머릿속에 떠올랐습니다.

 VS

●

세상에는 두 종류의 사람이 있다.
방으로 들어와 "당신이 여기 있네"라고 말하는 사람과
"나 왔어"라고 말하는 사람.

애비게일 반 뷰렌(Abigail Van Buren, 칼럼니스트)

왼편에 있는 책은 제가 지은 졸저 『넥스트 컴퍼니』(거름, 2008년 11월 刊)
이고, 오른편에 있는 책은 김난도 교수님께서 지은 『아프니까 청춘이다』
(쌤앤파커스, 2010년 12월 刊)입니다.

뒷이야기를 좀 해드리자면 『넥스트 컴퍼니』는 지금까지 약 1,500부
정도가 나간 반면, 『아프니까 청춘이다』는 지금까지 약 300만 부 정도가
나갔습니다. 다윗과 골리앗이 연상되지요? 한 권은 제대로 망한 반면,
한 권은 완전히 대박이 났지요.

솔직히 제 데뷔작이 고작 1,500부 정도밖에 안 나갔다는 사실이 처음
엔 큰 충격으로 다가왔습니다.

'지금까지 어느 출판사에서도 내가 기획한 콘셉트와 목차로 책을 낸
적도 없을뿐더러, 내용도 다들 신선하다고 했는데 왜 쫄딱 망한 거지.'

납득이 안 갔습니다. 스스로 이리저리 분석을 해보면서 출판사의 능
력도 탓해보고 독자들의 수준도 탓해보고, 제 집필력도 탓해봤지요. 총
체적으로 점검해봤습니다. 그런데 아무리 머리를 굴려봐도 뾰족한 답이
나오지 않더군요.

그렇게 시간은 흘러갔고 첫 쓴맛의 경험이 서서히 잊혀져가던 어느
날, 저는 우연히 김 교수님께서 한 매체와 진행한 인터뷰를 보게 됐습니
다. 책을 발간한 지 3년이 지난 시점이었지요. 그 인터뷰에서 그가 사용
한 단어 하나가 저를 움직였습니다. 3년 전에는 전혀 생각하지 못한 것,
제 책이 왜 1,500부밖에 안 나갔는지를, 또 반대로 그의 책이 왜 300만

부나 나갔는지를 깨닫게 된 겁니다.

그는 인터뷰에서 다음과 같이 말합니다.

"『아프니까 청춘이다』가 베스트셀러가 된 이유는 '내 입장'이 아니라 '학생들의 입장'에서 썼기 때문이에요. 글을 내 입장에서 쓰면 안 돼요. 늘 읽는 사람의 입장에서 써야 하죠. 고객의 입장에서 생각하라는 겁니다."

학생들의 입장

읽는 사람의 입장

고객의 입장

요컨대 타인의 입장(立場)을 배려하고 수용해보라는 거지요.

제 책이 망한 이유는, 제가 제 책을 제 입장에서 썼기 때문입니다. CEO 대상의 책이었음에도 불구하고 저는 CEO들이 안중에 없었습니다. 오로지 제 자신에게만 관심이 있었지요. 내가 어떤 내용을 쓰고 싶은지, 그 내용을 어떻게 다루면 나 스스로 만족할지에만 초점이 맞춰져 있었습니다. 그러니 CEO들이 무엇을 필요로 하는지, 그것을 왜 필요로 하는지, 어떻게 하면 그것을 충족시켜줄 수 있는지는 처음부터 제 집필 계획에 없었던 거지요. 그렇게 제 입장에 함몰돼 있던 결과 저는 책이라는 걸 왜 쓰는지, 무엇보다도 누구를 위해 쓰는지 그 이유를 잊어버렸던 겁니다.

김난도 교수와 집 앞 구멍가게 아저씨 a. 둘의 공통점은 '나의 입장'이
아닌 '상대방의 입장'을 우선시한다는 것. 이들을 보고 있자니 마치 데일
카네기의 『인간관계론』을 훑고 있는 듯한 묘한 기분이 듭니다. 인간관계
의 기본 원칙이자 인간관계를 잘 맺는 방법, 그 출발점은 상대방의 관점
과 시각에서 그가 갖고 있는 욕구와 생각을 면밀히 살펴보는 거라는 것.

그래서 묻고 싶습니다, 단계적으로 하나씩.

여러분은 상대방의 관점과 시각에 대해 이해(understanding)를 할 준비가
되어 있으신가요.

그가 갖고 있는 욕구와 생각을, 그의 눈높이에서 읽어낼 수 있으신지요.

여러분은 상대방의 입장에 서실 수 있습니까.

한 걸음만 더 나아가보자면 그의 입장에서, 세상을 바라볼 수 있으신지요.

백만 불짜리 피드백

故 장영희 교수가 남긴 마지막 선물[9]

—

그렇게 피드백을 남기신 후 약 3주 뒤인 2009년 5월 9일에 교수님께서는 세상을 떠나셨습니다. 몸을 가누기도 힘들 정도로 아픈 상태에서, 그 늦은 시각에 전혀 일면식도 없는 한 남자가 보낸 메일에 대해 답변을 남기셨던 교수님. 교수님은 그때 무슨 생각을 하고 계셨을까요. 비록 조금 늦게 도착하긴 했어도, 그리고 비록 길이가 조금 짧긴 했어도 충분히 그 진심이 묻어나는 답변이었습니다. 아마 이 답변이 제게 특별하게 다가온 이유 중 하나는 교수님께서 마지막으로 남긴 책의 한 구절 때문인지도 모르겠습니다.

2009년 4월 20일, 새벽 2시 13분. 그날, 그 시간에 도착한 한 통의 메일이 아직도 제 기억 속에서 잊혀지지 않습니다. 제 인생에 있어 그것은 잊을 수 없는 경험이자 충고였고, 조언이었습니다.

당시 세 번째 책을 쓰고 있었던 저는 책에 집어넣을 인터뷰를 위해 인터뷰이 후보 중 한 분이었던 故 장영희 서강대 영문과 교수님을 이메일로 컨택해 인터뷰에 대한 참여 의사를 여쭤봤었습니다.

예전부터 몸이 어떤 식으로 불편하셨고, 그간 어떻게 치료해 오셨는지를 매체를 통해 대략적으로 접해왔기에 그렇게 큰 기대를 하지는 않았지만, 꼭 인터뷰를 성사시켜야겠다는 마음에 진심을 담아 편지를 작성해 보내드렸지요.

역시 기대가 과했던 걸까요. 며칠이 지나도 묵묵부답, 저는 조금씩 초조해졌습니다. 시간은 점점 가고 있고, 아쉬운 마음도 조금씩 쌓여가면서 슬슬 체념 모드로 돌입하고 있었지요.

더 이상 기다릴 수가 없어 '몸이 편치 않으신가보다' 그렇게 생각하기로 하고, 그래도 메일을 읽어주셨다는 것만으로도 감사하다는 생각이 들어 그에 대한 감사편지라도 써서 보내야겠다고 마음을 먹고 있었습니다.

---

9 이 글은 제 세 번째 저서 『1년만 버텨라』(위즈덤하우스, 2010), '피드백은 당신의 브랜드다' 편에 등장하는 이야기의 원본입니다. 우리가 어떤 자세로 주변 사람들과 관계를 맺어야 하는지에 대한 좋은 팁이 담겨있는 것 같아 여기에 다시 소개해봅니다.

그런데 이게 웬일? 편지를 작성하기 위해 메일함을 열어봤는데, 교수님으로부터 메일이 와 있는 거 아니겠습니까. 그것도 새벽 2시가 넘은 시각에 말입니다.

내용은 아주 짤막했지만, 저는 그 메일을 잊을 수가 없습니다.

제가 현재 입원가료중이라 좀 힘듭니다.

죄송합니다.

단 두 개의 문장입니다. 아니, 사실 그냥 한 문장일 뿐입니다. 대단한 내용도 아니지요. 그런데 이것이 왜 제 기억 속에서 잊혀지지 않는지 아세요?

미처 몰랐던 일입니다만, 당시 교수님은 병세가 악화돼 투병 중이셨습니다. 그간 치료를 받아온 척추암이 안타깝게도 2008년에 다시 간으로 전이됐더군요. 오랫동안 잘 참고 견뎌오셨는데, 제가 연락드린 시점이 교수님께는 매우 안 좋은 시기였던 것 같습니다.

그렇게 피드백을 남기신 후 약 3주 뒤인 2009년 5월 9일에 교수님께서는 세상을 떠나셨습니다. 몸을 가누기도 힘들 정도로 아픈 상태에서, 그 늦은 시각에 전혀 일면식도 없는 한 남자가 보낸 메일에 대해 답변을 남기셨던 교수님. 교수님은 그때 무슨 생각을 하고 계셨을까요. 비록 조금 늦게 도착하긴 했어도, 그리고 비록 길이가 조금 짧긴 했어도 충분히 그 진심이 묻어나는 답변이었습니다.

아마 이 답변이 제게 특별하게 다가온 이유 중 하나는 교수님께서 마지막으로 남긴 책의 한 구절 때문인지도 모르겠습니다.

내가 살아보니까 내가 주는 친절과 사랑은 밑지는 적이 없다. 내가 남의 말만 듣고 월급 모아 주식이나 부동산 투자한 것은 몽땅 다 망했지만, 무심히 또는 의도적으로 한 작은 선행은 절대로 없어지지 않고 누군가의 마음에 고마움으로 남아 있다. 소중한 사람을 만나는 것은 1분이 걸리고 그와 사귀는 것은 한 시간이 걸리고 그를 사랑하게 되는 것은 하루가 걸리지만, 그를 잊어버리는 것은 일생이 걸린다는 말이 있다. 그러니 남의 마음속에 좋은 기억으로 남는 것만큼 보장된 투자는 없다.

장영희, 『살아온 기적, 살아갈 기적』(샘터, 2009년 5월 刊)에서

여러분께 묻고 싶습니다.

여러분 같으면 일면식도 없는 사람에게, 그것도 지금 최악의 병으로 투병중인 상황에서 회신을 남기실 수 있겠습니까. 아니, 투병 중이란 사실은 빼지요. 일면식도 없는 사람에게 회신을 남기시겠습니까.

자신과 아무런 관련이 없는, 앞으로도 아무런 관련이 없을 것 같은 사람에게 답변을 남기실 것 같은지요.

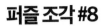

퍼즐 조각 #8

우리는 '얼마나 많은 사람들을 알고 있는가'로 그 사람이 갖고 있는 인맥의 수준을 판단할 수 있을까요.

가능합니다. 단, 조건이 하나 붙지요.

'얼마나 많은'이라는 수식어가 제대로 된 위치에 가 있어야 한다는 것. 또 그것이 어떤 의미와 의도를 갖고 위치해 있느냐가 관건인데, 우리는 그 위치를 정확히 파악하고 있어야 합니다. 한 1분간만 솔직해져볼까요.

여러분은 다음의 두 가지 선택지 중 어느 쪽에 더 가까운 것 같나요. 그동안 명함을 교환하고 수집하면서 여러분이 가졌던 생각을 돌이켜보고 되짚어보시면 됩니다.

나는 얼마나 많은 사람들을
알고 있는가에 관심을 갖고 있는가
vs.
나는 사람들에 대해
얼마나 많은 관심을 갖고 있는가

자, 어떤가요. 우리는 그동안 인맥을 사람, 그 숫

자의 많고 적음으로 판단해왔던 건 아닐까요. 사람
그 '자체'에 관심이 있기보다는 사람의 '숫자'에 더
관심이 쏠려있었던 건 아니었을지요.

그래서 묻고 싶습니다. 여러분에게 '인맥'이란 무
엇입니까?

감동의 습관, 당신의 눈(eye)이 모든 것의 시작이다

—

결국 세상의 모든 것은 그대로 밖에 놓여 있고, 우리는 그저 두 눈을 크게 뜨고 열심히 보면 된다는 겁니다. 관심을 갖고 본다면 더욱더 좋겠지만 설사 관심이 동하지 않는다 해도, 즉 그것이 무의식적으로 이루어진 행동이라 해도 계속 보다 보면 보는 횟수가 늘어남에 따라 관심을 가질 확률과 감동을 받을 확률이 높아지고, 그 관심(감동)을 통해 다시 감동(관심)의 폭을 넓힐 수 있는 계기 또한 많아진다는 거지요. 이 과정에서 가장 중요한 것은 결국 '본다'는 행위일 겁니다.

내일 갑자기 장님이 될 사람처럼

여러분의 눈을 사용하세요.

다른 감각기관에도

똑같은 방법을 적용할 수 있습니다.

내일 귀가 안 들리게 될 사람처럼

음악 소리와 새의 지저귐과

오케스트라의 강렬한 연주를 들어보세요.

내일이면 촉각이 모두 마비될 사람처럼

그렇게 만지고 싶은 것들을 만지세요.

내일이면 후각도 미각도 잃을 사람처럼

꽃향기를 맡고,

맛있는 음식을 음미해보세요.

모든 감각을 최대한 활용하세요.

자연이 제공한 여러 가지 접촉방법을 통해

세상이 여러분에게 주는 모든 즐거움과

아름다움에 영광을 돌리세요.

그렇지만 단언컨대 모든 감각 중에서도

시각이야말로 가장 즐거운 축복입니다.

헬렌 켈러(Helen Keller)

만약 누군가가 저에게 "회사를 다니면서 얻은 가장 큰 수확이 뭔가요?"라고 묻는다면 저는 이렇게 대답하겠습니다.

"모든 것을 유심히 관찰해야 한다는 거요."

모든 것을 유심히 관찰하기 위해서는 같은 맥락이지만, 모든 것에 대해 지대한 관심을 갖고 있어야 합니다. 호기심, 즉 '촉'이 살아 있어야 한다는 거지요.

만약 관심이 없다면, 관심을 갖기 위해 노력이라도 해봐야 합니다. 노력을 기울이다 보면 (나중엔 굳이 노력을 하지 않아도) 그동안 보이지 않았던 것들이 눈에 조금씩, 자연히 들어오게 될 테니까요. 아래와 같은 간단한 메커니즘이지요.

관심 → 관찰

그런데 솔직히 말씀드리면 제가 '모든 것을 유심히 관찰해야 한다'는 가치를 깨달은 건 회사를 '다니는 동안'이 아닙니다. 오히려 회사를 '들어가기 전'이었지요. 정확히 말해 첫 직장인 제일기획에 들어가기 위해 치른 두 번의 시험을 통해서였습니다.

1

첫 번째가 실기 테스트였는데요, 지원자들에게 주어진 과제가 '캠코더로 자신이 살고 있는 곳 찍어오기'였습니다. 주제와 방향성 등 어떤 조건도 달려 있지 않았지요. 말하고자 하는 바나 주제의식, 콘셉트를 스스로 알아서 정해 담아오면 되는 과제였습니다.

멘붕, 막막함 그 자체였지요. 너무 빤한 곳에서 촬영해야 한다고 생각하니 대체 어디에서부터 어떻게 시작해야 할지 감이 잡히질 않더군요. 며칠간 동네를 돌아다녔지만, 고민만 잔뜩 떠안은 채 그냥 지나다니면서, 이것저것 잡히는 대로 찍었습니다.

어렸을 때 다녔던 고등학교, 집 앞의 한 초등학교, 그 안의 운동장, 길가에 버려진 담배꽁초, 양재천에서 헤엄치는 오리들, 그 옆의 운동코스, 그 길을 에워싸고 있는 다양한 종류의 꽃들, 버스 정류장, 내가 살고 있는 아파트, 주변의 다른 아파트들, 집 앞 놀이터, 우체통, 보도블록, 기타 등등.

참으로 희한하더군요. 하나하나 찍으면 찍을수록 그렇게 지겹도록 지나다녔던 곳이, 그렇게 새롭게 보일 수가 없는 겁니다. 낯설게 느껴지기까지 했지요.

그때 처음으로 깨달았습니다. 제가 살고 있는 동네를 스스로 단 한 번도 제대로 본 적이 없다는 사실을.

시를 쓰기 위해서는 잘 봐야 돼요. 우리가 살아가는 데 제일 중요한 것은 보는 거예요. 우리는 뭐든지 보고 살잖아요. 세상의 모든 것을 잘 보는 것이 중요해요. 자, 내가 하나 여기 준비해온 게 있어요. 이거지요. 사과지요? 자, 이 사과. 여러분들은 지금까지 이 사과를 몇 번이나 봤어요? 천 번? 만 번? 백만 번? 틀렸어요.

여러분들은 지금까지 이 사과를 한 번도 본 적이 없어요. 한 번도. 지금까지 여러분은 사과를 진짜로 본 게 아니에요. 사과라는 것을 정말 알고 싶어서, 관심을 갖고 이해하고 싶어서, 대화하고 싶어서 보는 것이 진짜로 보는 거예요. 오래오래 바라보면서 사과의 그림자도 관찰하고, 이리저리 만져보면서 뒤집어도 보고 한 입 베어 물어도 보고 사과에 스민 햇볕도 상상해보고 그렇게 보는 게 진짜로 보는 거예요. 무엇이든 진짜로 보게 되면 뭔가 자연스럽게 느껴지는 것이 있어요.

김용탁(김용택 분), 영화 『시(詩)』에서

김용탁(김용택 분) 시인의 말대로 저는 그동안 제가 살고 있는 동네를 매일매일 지나치면서 이곳에 대해 '느낀' 것이 아무것도 없었습니다. 뭐, 항상 보는 곳이니 특별히 새로울 게 없을 수밖에요. 그러니 자연스럽게도 그 주변에 대해 궁금증을 느낀 적도, 관심을 가졌던 적도, 이해하고 싶었던 적도 없습니다. 이해하고 말고 할 게 뭐가 있었겠어요. 뭐가 어디에 있는지 물리적으로 알고는 있었지만, 실제로 그렇게 자주 지나다

니면서 어디가 어디인지, 무엇이 어디에 붙어 있는지, 그것이 왜 거기에 있는지, 다른 무엇과 어떻게, 어떤 식으로 조화를 이루고 있는지, 자세히, 제대로 본 적이 없다는 걸 느꼈습니다.

알고는 있지만, 아니 안다고 생각해왔지만 사실은 알지 못했던, 알았던 적이 없었던 거지요. '진짜로' 본 적이 없었던 겁니다.

그렇게 생각을 하니, 불현듯 미국 현대미술계의 독보적인 여성화가 조지아 오키프(Georgia O'Keeffe)가 떠오릅니다.

오키프는 꽃을 거대하게 그린 걸로 유명합니다. 아무데서나 흔히 볼 수 있는 꽃을 왜 그렇게 크게 그렸냐? 대부분의 사람들은 꽃을 좋아하고 또 꽃을 보면서 아름다움을 느끼며 감탄하지만, 바쁜 일상에 찌들어 자신의 주변에서 벌어지고 있는 '큰' 일들을 처리하느라 '작은' 꽃에 관심을 가질 여유가 없지요. 그래서 사람들에게 각자가 갖고 있는 꽃에 대한 느낌을 살려주기 위해서, 누구나 아름답다고 느끼는 꽃을 제대로 보여주기 위해 자신이 보고 느낀 대로, 꽃이란 존재가 자신에게 의미하는 그대로를 화폭에 담았습니다. 절대로 무시할 수 없을 정도로, 상상할 수 없을 정도로 크게 말이지요.

그녀의 예상대로 사람들은 그녀의 꽃을 보기 위해 시간을 냈습니다. 깜짝 놀라지 않을 수 없었을 테니까요. 처음엔 그 황당한 크기 때문에 놀랐을 것이고, 다음엔 그것의 아름다움에 매료가 됐겠지요. 여기저기 흔하게 볼 수 있는 꽃을, 새삼스럽지만 다시 한 번 제대로 보게 된 겁니다.

아니, 어쩌면 처음으로 보게 된 건지도 모르지요.

그녀의 바람은, 사람들이 그림 속의 꽃을 보면서 진짜로 자신이 꽃을 보고 싶은지를 환기시켜주는 것이었습니다.

2

제일기획에 들어가기 위해 치른 두 번째 테스트는 직무적성검사 (SSAT). 제일기획은 창의력을 중시하는 광고회사다 보니 다른 삼성 계열 사들에서 치르는 직무적성검사와는 질문의 종류와 스타일이 판이하게 다릅니다.

10년이 훨씬 넘은 기간이라 문항들의 내용이 자세히 기억이 나진 않지만, 딱 하나 기억에 남는 문항이 있습니다. 그것은 사랑과 관련된 내용이었지요.

'사랑'이라는 단어와 관련해 떠오르는 것을 모두 나열해보라.

얼핏 기억나기로는 문화(영화, 도서, 음악, 공연 등)를 중심으로 떠오르는 것들을 나열해보라고 나와 있었던 것 같습니다. 여러분도 한번 해보실 는지요. '사랑' 하면 뭐가 떠오르나요.

제가 당시 제 자신이 주변을 나름 자세히 살펴봤구나, 라고 느낀 이유가 대부분의 사람들이 적지 않았을 내용을 적어 넣었기 때문입니다. 이 검사를 통과할 수 있었던 이유를 하나만 대보라면 저는 분명 이것을 댈 것 같습니다.

제가 답지에 적어 넣었던 것은 시인 김수영의 「사랑」입니다. 시의 내용은 이렇습니다.

캄캄한 방안에 초 한 자루가 타오르고 있습니다. 촛불은 어둠을 물리칠 만큼 밝게 타오르지는 못합니다. 다만 주위의 어둠으로부터 자신을 지킬 만큼, 자신에게로 다가오는 어둠을 순간순간 밀어낼 만큼만 타오르고 있습니다. 이때 누군가 형광등을 켭니다. 주위를 가득 메우고 있던 어둠이 사라지고, 눈이 시릴 만큼 방안이 환해집니다. 바로 그 순간입니다. 어둠 속에서 홀로 타오르던 촛불은 형광등이 켜지는 순간, 마치 자기 빛을 잃은 듯 희미하게 흔들립니다. 사그라질 듯 연약한 몸짓으로 가녀리게 빛을 내지요.

시인은 이 순간을 떨리는 마음으로 지켜봅니다. 그리고 그 모습에서 '사랑'이라는 단어를 끄집어냅니다. 비록 어둠에서 밝음으로 바뀌는 그 찰나에 불안하게 떨고 있었지만 어둠 속에서도 밝음 속에서도 변치 않고 빛나는 그 모습에 영감을 얻은 것이지요.

좀 뚱딴지같나요. 사랑과 관련된 흔한 영화나 노래를 적어 넣은 게 아니라 사람들이 잘 읽지도 않는 시를 적어 넣은 겁니다.

물론 「사랑」이라는 시는 김수영의 시들 중 어느 정도 잘 알려진 시입니다. 하지만 국문학과 출신이 아닌 사람이, 평소 책을 잘 읽지 않는 사람이 굉장히 쉽게 접해봤을 것 같은 시는 아니지요. 10년 전도 지금과 크게 다르지 않았지만, 가뜩이나 시를 읽지 않는 시대에 말입니다. 평범한 법대 출신인 제가 어떻게, 그리고 왜 이 시를 적어 넣은 걸까요.

머릿속에 남아 있었던 겁니다. 이 시는 제가 대학 마지막 학년, 마지막 학기에 타과(국문과) 전공선택 과목으로 들었던 강좌에서 접했던 시입니다.

제가 시 전문을 통째로 적어 넣었던 건 말 그대로 이 시가 통째로 기억이 났기 때문입니다. 왜? 소름이 돋았기 때문이지요. (제가 좀 쉽게 충격을 받는 타입입니다.)

'뭔 놈의 사랑을 이런 식으로 표현하지?'

'사랑을 이렇게도 표현할 수 있구나.'

'그래, 사랑에는 이런 느낌도 있지.'

이 시를 보면서 기존의 '사랑'과 관련된 시와는 전혀 다른 색다름을 느꼈지요. 관심이 갔던 겁니다. 그래서 여러 번 읽고 또 읽고 또 읽었습니다. 관찰을 했던 거지요. 그리고 저도 모르는 사이 그것이 제 머리 어딘가에 저장되어버린 겁니다.

머릿속에 기억된 것들이 나올 수밖에 없고 많이 기억된 사람들이 필요한 순   **203**

간에, 인간이라는 유기체가 무서워서 저 밑에 숨어 있다가도 필요하다 싶으면 다 올라와요. 그런데 기억이 안 되어 있으면 안 올라오는 거죠. 자두를 보고 감동해본 사람은 자두에 관련된 무슨 아이디어를 낼 수 있는데 자두를 보고 감동을 안 해본 사람은 자두에 대한 아이디어를 낼 수 없거든요. 그래서 제가 아까 말씀드린, 감동받는 게 능력이라는 거죠.

박웅현, SBS스페셜 「창의성, 남의 얘기라는 당신에게…」에서

TBWA코리아 ECD(수석 크리에이티브 디렉터) 박웅현 씨가 2010년 3월에 방송된 한 프로그램에서 한 말입니다.

제가 「사랑」이라는 시를 여러 번 반복해 읽고 되뇐다고 해서 그것이 특별히 제 머릿속에 남아 있을 이유는 없습니다. 사람은 '망각의 동물'이기 때문이지요. 아무리 기억력이, 두뇌가 좋다고 해도 모든 것은 시간이 지나면서 차츰 잊혀지게 돼 있습니다. 그런데 저는 어떻게 이 시를 기억하고 있었을까요.

박웅현 씨의 말대로 처음에 이 시를 본 순간 충격(감동)을 받았기 때문입니다. 다른 시와 다른 '어떤 무언가'를 느꼈기 때문이지요. 그것이 정확히 뭔지는 모르겠지만 저는 제 안에서, 저만의 방식으로 그 아름다움을 '발견'했던 겁니다.

이렇게 놓고 보면 처음에 소개해드린 메커니즘의 윤곽이 좀 더 명확해집니다.

관심 → 관찰 → 감동

물론 이 프로세스가 이런 순서대로 딱 맞아떨어지지 않을 수도 있습니다. 관찰을 하다가 관심이 생겨 감동을 맛볼 수도 있고(관찰→관심→감동), 관심이 없었는데 우연히 관찰을 하다 감동을 받는 바람에 관심을 갖게(관찰→감동→관심) 될 수도 있지요. 중요한 것은 이 과정이 다양한 방식으로 다음과 같이 선순환[10]한다는 겁니다.

관심 → 관찰 → 감동 → 관심 → 관찰 → 감동 → ∞
관찰 → 관심 → 감동 → 관찰 → 관심 → 감동 → ∞
관찰 → 관심 → 감동 → 관심 → 관찰 → 감동 → ∞

그리고 더 중요한 것은, 이런 반복적인 사이클을 통해 우리가 새로운 정보와 지식, 나아가 그것이 체화된 지혜를 끊임없이 쌓아나가게 된다는 거지요.

이 시대를 관통하는 핵심 화두이자 경쟁력이 된 창조, 창의, 혁신, 변

---

10 물론 관심을 갖는다고 해서(혹은 열심히 관찰을 한다고 해서) 100퍼센트 감동을 받는다는 보장은 없습니다. 메커니즘은 '관심 → 관찰' '관찰 → 관심' 식으로 간단하게 끝나버릴 수도 있습니다. 중요한 것은 이 메커니즘을 통해 우리가 감동을 받을 수 있는 가능성을 높일 수 있다는 것. 결국 새로운 무언가를 배우고 얻어낼 수 있는 가능성을 높일 수 있다는 거지요.

화, 상상력. 이 굉장히 거창하고 대단하게 들리는 단어들의 출발점이자 뿌리, 그 기초가 여기에서 시작되는 것 아닐까요.

디자이너 폴 스미스의 생각을 한번 들어보지요.

김민준 : 발상의 전환을 어떻게 얻으시는지, 영감을?

폴 스미스 : 영감을 얻는 포인트는 잡지나 다른 브랜드가 아니에요. 그렇게 하는 것은 이 세상에 존재하는 것들을 따라하는 것에 불과하죠. 영감을 얻고 싶다면 관찰하고, 주위를 둘러보세요. 다른 나라의 사람들은 옷을 어떻게 입고 어떤 색깔로 매치를 했는지 살펴보세요. 당신의 눈을 활용한다면 훌륭한 영감을 얻을 수 있을 겁니다.

김민준 : 직접 가서 보고 만지고 영감을 얻는 게 중요하다는 말씀이시죠?

폴 스미스 : 매일 새로운 것을 찾을 수 있어요. 우리가 지금 밖으로 나가 걷는다면 우린 나무를 볼 수 있고 꽃도 볼 수 있어요. 저는 그 풍경을 사진으로 담는데 나중에 티셔츠의 무늬가 될 수도 있죠. 아이디어[11]는 어디에서든 얻을 수 있어요.

XTM, 「HOMME3.0」 8화 'SMILE MAN! 폴 스미스와 데이트'에서

---

11 폴 스미스의 '관찰 정리법'에 대해 좀 더 부연해드리자면 그는 이렇게 말합니다. "나는 낮이고 밤이고 언제나 포스트잇을 곁에 둔다. 생각을 적고, 좋아하는 것들을 써놓고, 대화 도중에 나온 흥미로운 문장 같은 걸 메모한다. 회의를 하다가 그럴 때도 있고 비행기 안에서 그럴 때도 있다. 그러다 보면 문장들이 쌓인다." (『폴 스미스 스타일』, 아트북스, 2012)

●

『You Can Find Inspiration In Everything』.

폴 스미스의 책입니다.

그의 이야기가 좋았다면 이 책을 한 번 읽어보세요.

다음은 이 책 가운데 기억에 남는 문장들입니다.

- You can find inspiration in everything.

If you can't find it, then you're not looking properly.

- I am interested in just people,

and honestly don't over-analyze anything.

- I'm not motivated by power or money.

What I am motivated by is just a brillant day, everyday.

결국 세상의 모든 것은 그대로 밖에 놓여 있고, 우리는 그저 두 눈을 크게 뜨고 열심히 보면 된다는 겁니다.

관심을 갖고 본다면 더욱더 좋겠지만 설사 관심이 동하지 않는다 해도, 즉 그것이 무의식적으로 이루어진 행동이라 해도 계속 보다 보면 보는 횟수가 늘어남에 따라 관심을 가질 확률과 감동을 받을 확률이 높아지고, 그 관심(감동)을 통해 다시 감동(관심)의 폭을 넓힐 수 있는 계기 또한 많아진다는 거지요. 이 과정에서 가장 중요한 것은 결국 '본다'는 행위일 겁니다.

그래서 묻고 싶습니다. 여러분은 주변의 모든 것들을 자세히 살펴보는 습관을 갖고 있습니까? 주변의 모든 것들에 관심을 보일 준비가 되어 있으신지요.

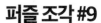

퍼즐 조각 #9

왜, 그런 말이 있지요? "있을 때 잘하라"는 말. 우리는 평소에 곁에 있는 가족이나 친구들이 얼마나 소중한지 잘 느끼지 못합니다. 왜? 항상, 언제나, 예외 없이 우리 옆에 있으니까요. 무감각해지는 거지요. 사실 모든 게 다 그런 것 같습니다. 그건 꼭 사람에만 한정돼 있는 게 아니고 유형이든 무형이든 상관없이 주변의 모든 사물, 일(work), 정보 혹은 지식, 모두 다 시간이 지나면서 그것의 가치에 대한 우리의 느낌이나 감정이 점점 더 무뎌지는 것 같습니다. 그 가치가 복원되는 순간은 나를 포함해 주변의 그 대상에게 문제가 닥쳤을 때일 겁니다. 다시 말해 그 대상이 사라졌을 때, 내가 갖고 있는 특정 감각(시각, 촉각, 청각, 미각 등)을 잃었을 때 우리는 그 가치가 얼마나 소중한지 깨닫게 되지요. 하지만 정말 재수가 옴 붙은 사람이 아닌 한, 일상생활 속에서 이런 일을 겪기란 쉽지 않습니다. 그렇다면 우리가 할 수 있는 일은 딱 하나 아닐까요. 마음속으로 그런 안 좋은 상황에 대한 예상과 대비(대응)를 사전에 습관화하는 것. 지금 이 순간 나를 에워싸고 있는 모든 것들이 소중하다는 것, 그 감각을 잃지도, 잊지도 말아야겠습니다.

●

사흘만 세상을 볼 수 있다면

첫째 날은 사랑하는 이의 얼굴을 보겠다.

둘째 날은 밤이 아침으로 바뀌는 기적을 보리라.

셋째 날은 사람들이 오가는 평범한 거리를 보고 싶다.

단언컨대, 본다는 것은 가장 큰 축복입니다.

VEGA No.6 Full HD

팬택 VEGA CF, No.6 「Full HD LTE」 편

종리춘(種離春)을 찾아서

중국에는 중국을 대표하는 4대 미녀(양귀비, 초선, 서시, 왕소군)가 있습니다. 그런데 미녀가 있으면 추녀도 있는 법. 마찬가지로 4대 추녀도 있지요. 막모, 맹광, 완씨, 그리고 종리춘. 이 네 명의 추녀 중 얼굴은 못생겼지만 내면이 아름다웠던 여자 종리춘(種離春)[12]에 대한 이야기를 해볼까 합니다.

시대는 중국 전국시대의 제(齊)나라, 선왕(宣王) 때로 거슬러 올라갑니다. 선왕 때 제나라는 강한 나라가 되었습니다. 선왕도 그걸 믿고 점점

---

12 제나라 무염(無鹽) 출신의 추녀. 비록 추녀이긴 했지만 남자 못지않은 기상과 담대한 야망, 깊은 지혜 및 국가 통치술에 대한 남다른 식견을 지닌 당대의 여걸이었음. 그 무렵 제선왕(齊宣王, B.C.319~301 재위)이 선대의 공업(功業)과 제나라의 부강에 도취되고 자만한 나머지 정사를 돌보지 않고 나태와 안일에 빠져 있는 것을 보고 그를 알현하여 패업의 도를 역설했음. 그래서 선왕이 크게 깨닫고 기뻐하여 종리춘을 왕후로 삼았다고 함. - 네이버 지식백과, 『동주 열국지』(풍몽룡 著·김구용 譯, 솔출판사, 2001년 6월)

더 거만해졌지요. 그리고 많은 남자들이 그렇듯이, 술과 여자에 빠지기 시작했습니다. 말만 앞세우고 아첨에 능한 신하들과 잔치를 벌이고 사냥을 하는 데 시간을 쏟았고, 나라를 다스리는 데는 영 무관심했지요. 그에 따라 민심도 아주 흉흉했습니다.

이런 상황에서 그는 왕후를 맞겠다며 간택령을 내렸는데 이 여자 저 여자, 수많은 미인들을 궁으로 들이는 것 때문에 백성들의 불만이 말이 아니었지요. 여자 보는 눈은 또 얼마나 높은지, 이런저런 맘에 안 드는 이유를 들어 왕후 간택을 미뤄왔습니다.

그러던 어느 날, 평소와 같이 잔치가 벌어지고 있던 궁 앞에 한 여자가 나타났습니다. 성은 종리(種離), 이름은 춘(春)이라고 하는데 나이 마흔을 넘겼지만 아직까지 시집을 못 갔다고 하면서 후궁에 들어가 임금의 뒷바라지를 하고 싶다고 하지요. 한마디로 임금의 아내가 되고 싶다고 한 겁니다.

그런데 이건 뭐, 그냥 못생긴 수준이 아니라 그야말로 '더럽게 추한' 수준인 겁니다. 다들 황당해하며 어이없어 했지요. 잔치로 기분이 업된 선왕이 물었습니다.

"넌 못생겨도 너~무 못 생겨서 너하고 결혼하겠다는 사람이 있었을 것 같지가 같구나. 하이고, 거기에다 그 남루한 옷까지. 그 꼴로 나를 섬기겠다니 대체 무슨 특별한 재주라도 있는 게냐?"

"특별한 재주는 없습니다만, 제스처로 의미를 전달하는 것은 좀 할 줄

압니다."

선왕 앞에 선 그녀는 수수께끼 같은 시늉을 선보이지요. 눈을 매처럼 치켜뜨고 입을 벌려 이빨을 드러내며 웃더니, 두 손을 들어 몇 번을 허공을 향해 휘저은 후 "휘이, 휘이" 말하고 나서 손을 내리며 무릎을 탁 쳤습니다. 그러고는 소리 내어 외쳤지요.

"위태롭구나, 위태롭구나!"

그 의미를 이해하지 못한 선왕은 종리춘에게 뜻풀이를 요구했고, 그녀는 이렇게 대답했습니다.

"눈을 치켜뜬 것은 적이 쳐들어와 그 위급함을 알려주는 봉화(烽火)를 봤기 때문입니다. 이빨을 드러내면서 웃은 것은 신하들의 충언(忠言)을 수용하지 않는 것을 벌한다는 뜻이고, 두 손을 들어 휘저은 것은 아첨이나 해대는 간신들을 물리친다는 뜻이며, 손으로 무릎을 친 것은 허구한 날 잔치가 벌어지고 있는 이 궁을 무너뜨린다는 뜻입니다."

선왕은 과연 어떤 반응을 보였을까요? 당연하게도 그는 뚜껑이 열려 즉시 종리춘의 목을 베라고 합니다. 하지만 그녀는 눈 하나 껌뻑이지 않은 채, 죽음을 무릅쓰고 자신이 왜 그렇게 말했는지를 차분하게 설명하지요.

정리하자면 이렇습니다. 다른 나라는 왕이 열심히 나라를 다스려 나라가 강해졌고, 그 결과 제나라를 위협하는 상황이 됐는데도 당신은 잔치나 사냥에만 푹 빠져 있고 간신들의 말에 휘둘리고 있으니 백성들의 원성이 자자하다는 것. 현재 제나라의 상태가 좋지 못한 것을 넘어, 매우 큰 위기라는 것.

선왕은 탄식하면서 그녀에게 말했습니다.

"너의 말이 없었다면 그동안 과인이 저지른 잘못을 깨닫지 못했을 것이다."

마음이 움직인 선왕은 종리춘을 왕후로 삼았고, 이후 간신들의 말에 현혹되지 않고 맹자를 비롯해 다양한 유능한 학자들을 등용해 민심을 다스리는 멋진 정치를 펼쳤습니다.

저는 선왕을 보면서 제 자신이 종리춘을 발견하기 전의 선왕이 아닐까, 라는 '엉뚱발랄한' 생각을 해봅니다.

혹시 그동안 예쁘게 잘 포장되어 있는 것만, 좋아하는 것만, 보고 싶은 것만 계속 봐온 것만 보려고 했던 건 아닐까. 정말로 봐야 하는 것에 눈을 감아온 건 아닐까.

한 번쯤은 봐야 했지만 바쁘다는 핑계로 보지 않았거나 봐도 그만 안 봐도 그만, 볼 필요성을 느끼지 못했거나 보면 힘들어질까 봐 대놓고 외면해버렸던 건 아닐까. 좋은 게 좋은 거라고, 그렇게 스스로를 합리화해온 건 아닐까.

어쩌면 종리춘은 내가 봐야 하는 현실, 지금의 나의 모습, 지금의 내 주변을 총칭하는 존재인지도 모르겠습니다.

그다지 편하거나 달콤하거나 예쁘게 느껴지진 않지만, 그럼에도 불구하고 맞닥뜨려야만 하는 것. 두 눈 크게 뜨고 똑바로 응시해야 하는, 겉으로는 사소해 보이지만 실은 결코 사소하지 않은 것.

적어도 월리를 찾는 것만큼 어렵지는 않을 거라는 조심스러운 예상을 덧붙이며, 그동안 들려드린 이야기들이 여러분에게 종리춘을 찾기 위해 보내야 하는, 자기 자신을 '발견'하는 그런 시간이 되었기를 빕니다.

●

자신에 대해 잘 알게 될수록

주변 상황에 덜 흔들리게 된다

『나의 꿈은, 내가 되는 것이다』 워크숍

인원 │ 1회 30명 이내 (최소 15명)
장소 │ 기업·단체의 연수원 또는 전문 세미나 공간
기간 │ 기본 2시간 (최대 3시간)
문의 │ ceo@talentlab.co.kr

The Broken Egg Project

허병민 대표컨설턴트가 직접 1:1로 코칭을 진행하는
내 꿈 찾기, 『재능 인큐베이션』 프로그램

대상

√ 내가 무엇을 잘하고, 무엇을 원하는지 잘 모르는 분
√ 자신이 갖고 있는 재능을 어떻게 끌어내야 할지 모르는 분
√ 자기계발을 하고 싶은데 어디에 포커스를 맞춰야 하는지 모르는 분
√ 동기부여 및 열정 & 자신감 충전, 변화가 절실히 필요한 분
√ 자기만의 비전을 수립함과 더불어 셀프리더십을 갖추고 싶은 분
√ 가치 있는 새로운 도전을 시도해보고 싶은 분
√ 퍼스널 브랜드 아이덴티티를 구축하고 싶은 분

기간
의뢰인의 사정 및 상황을 고려해 협의 후 결정

문의
talentlab@daum.net

특강 및 교육 의뢰
포럼·세미나·컨퍼런스·심포지엄 연설 의뢰
퍼스널 브랜딩 관련 자문 의뢰
교육·출판 콘텐츠 기획·개발 의뢰

문의
ceo@talentlab.co.kr

나의 꿈은 내가 되는 것이다

초판 1쇄 발행 2014년 4월 15일

지은이 허병민
펴낸이 김재현
펴낸곳 지식공간

출판등록 2009년 10월 14일 제300-2009-126호
주소 서울 은평구 역촌동 28-76 5층
전화 02-734-0981
팩스 02-333-0081
메일 editor@jsgonggan.co.kr
카페 cafe.naver.com/jsgonggan
블로그 blog.naver.com/jsgonggan
페이스북 www.facebook.com/#!/jisikgg

편집 권병두
마케팅 이남현
일러스트 이철원
디자인 엔드디자인 02-338-3055

ISBN 978-89-97142-26-2 03190

이 도서의 국립중앙도서관 출판시도서목록(CIP)은 e-CIP홈페이지(http://www.nl.go.kr/ecip)와 국가자료공동목록시스템(http://www.nl.go.kr/kolisnet)에서 이용하실 수 있습니다.(CIP제어번호: CIP2014009967)